BUNREACHT NA hÉIREANN
(CONSTITUTION OF IRELAND)

Le ceannach díreach ón

OIFIG DHÍOLTA FOILSEACHÁN RIALTAIS, TEACH SUN ALLIANCE,
SRÁID THEACH LAIGHEAN, BAILE ÁTHA CLIATH 2,
nó trí aon díoltóir leabhar.

————

To be purchased through any Bookseller, or directly from the

GOVERNMENT PUBLICATIONS SALE OFFICE, SUN ALLIANCE HOUSE,
MOLESWORTH STREET, DUBLIN 2.

£1.30

An litriú atá ar théacs Gaeilge an eagráin seo de Bhunreacht na hÉireann tá sé de réir chaighdeán litrithe Rannóg an Aistriúcháin d'Oifig Thithe an Oireachtais.

BUNREACHT NA hÉIREANN

(CONSTITUTION OF IRELAND)

D'achtaigh an Pobal an 1 Iúil, 1937

(Enacted by the People 1st July, 1937)

I ngníomh ón 29 Nollaig, 1937

(In operation as from 29th December, 1937)

An téacs seo den Bhunreacht is cóip é den téacs a ullmhaíodh de réir Airteagal 25 agus a cuireadh isteach ina iris in Oifig Iriseoir na Cúirte Uachtaraí an 23 Márta, 1990, ach litriú caighdeánach a bheith ar an téacs Gaeilge ach amháin go bhfuil na Forálacha Sealadacha, Airteagail 51 go 63 go huile, fágtha as an téacs oifigiúil seo de réir téarmaí Airteagail 51 agus 52. Tá ann na leasuithe uile a rinne an tOireachtas roimh an dáta a cuireadh isteach ina iris é. Rinneadh na leasuithe sin leis na hAchtanna atá leagtha amach anseo thíos.

Apart from standardized spelling of the Irish text, this text of the Constitution is a copy of the text prepared in accordance with Article 25 and enrolled in the Office of the Registrar of the Supreme Court on the 23rd March, 1990 save that the Transitory Provisions, Articles 51 to 63 inclusive, are omitted from this official text in accordance with the terms of Articles 51 and 52. The text embodies all amendments made by the Oireachtas prior to the date of enrolment. The amendments were effected by the Acts set out hereunder.

Na hAchtanna Leasúcháin
(Amending Acts)

Gearrtheideal (Short Title)	An Dáta a Síníodh (Date of Signature)
First Amendment of the Constitution Act, 1939	2 September, 1939
An tAcht um an Dara Leasú ar an mBunreacht, 1941	30 Bealtaine, 1941
Second Amendment of the Constitution Act, 1941	30 May, 1941
An tAcht um an Tríú Leasú ar an mBunreacht, 1972	8 Meitheamh, 1972
Third Amendment of the Constitution Act, 1972	8 June, 1972
An tAcht um an gCeathrú Leasú ar an mBunreacht, 1972	5 Eanáir, 1973
Fourth Amendment of the Constitution Act, 1972	5 January, 1973
An tAcht um an gCúigiú Leasú ar an mBunreacht, 1972	5 Eanáir, 1973
Fifth Amendment of the Constitution Act, 1972	5 January, 1973
An tAcht um an Séú Leasú ar an mBunreacht (Uchtáil), 1979	3 Lúnasa, 1979
Sixth Amendment of the Constitution (Adoption) Act, 1979	3 August, 1979
An tAcht um an Seachtú Leasú ar an mBunreacht (Forais Ardoideachais do Thoghadh Comhaltaí de Sheanad Éireann), 1979	3 Lúnasa, 1979
Seventh Amendment of the Constitution (Election of Members of Seanad Éireann by Institutions of Higher Education) Act, 1979	3 August, 1979
An tAcht um an Ochtú Leasú ar an mBunreacht, 1983	7 Deireadh Fómhair, 1983
Eighth Amendment of the Constitution Act, 1983	7 October, 1983
An tAcht um an Naoú Leasú ar an mBunreacht, 1984	2 Lúnasa, 1984
Ninth Amendment of the Constitution Act, 1984	2 August, 1984
An tAcht um an Deichiú Leasú ar an mBunreacht, 1987	22 Meitheamh, 1987
Tenth Amendment of the Constitution Act, 1987	22 June, 1987

v
CONTENTS

vi

CLÁR

BUNREACHT NA hÉIREANN
(CONSTITUTION OF IRELAND)

BUNREACHT NA hÉIREANN

In the name of the Most Holy Trinity, from Whom is all authority and to Whom, as our final end, all actions both of men and States must be referred,

We, the people of Éire,

Humbly acknowledging all our obligations to our Divine Lord, Jesus Christ, Who sustained our fathers through centuries of trial,

Gratefully remembering their heroic and unremitting struggle to regain the rightful independence of our Nation,

And seeking to promote the common good, with due observance of Prudence, Justice and Charity, so that the dignity and freedom of the individual may be assured, true social order attained, the unity of our country restored, and concord established with other nations,

Do hereby adopt, enact, and give to ourselves this Constitution.

BUNREACHT NA hÉIREANN

In Ainm na Tríonóide Ró-Naofa is tobar don uile údarás agus gur chuici, ós í is críoch dheireanach dúinn, is dírithe ní amháin gníomhartha daoine ach gníomhartha Stát,

Ar mbeith dúinne, muintir na hÉireann, ag admháil go huiríseal a mhéid atáimid faoi chomaoin ag Íosa Críost, ár dTiarna Dia, a thug comhfhurtacht dár sinsir i ngach cruatan ina rabhadar ar feadh na gcéadta bliain,

Agus ar mbeith dúinn ag cuimhneamh go buíoch ar a chalmacht a rinneadarsan troid gan staonadh chun an neamhspleáchas is dual dár Náisiún a bhaint amach,

Agus ar mbeith dúinn á chur romhainn an mhaitheas phoiblí a chur ar aghaidh maille le Críonnacht agus le hIonracas agus le Carthanacht de réir mar is cuí, ionas go dtiocfaidh linn a uaisleacht agus a shaoirse a chur in áirithe do gach aon duine, saol ceart comhdhaonnach a bhunú, aiseag a haontachta a thabhairt dár dtír, agus comhcharadra a dhéanamh le náisiúin eile,

Atáimid leis seo ag gabháil an Bhunreachta seo chugainn, agus á achtú agus á thíolacadh dúinn féin.

THE NATION

Article 1.

The Irish nation hereby affirms its inalienable, indefeasible, and sovereign right to choose its own form of Government, to determine its relations with other nations, and to develop its life, political, economic and cultural, in accordance with its own genius and traditions.

Article 2.

The national territory consists of the whole island of Ireland, its islands and the territorial seas.

Article 3.

Pending the re-integration of the national territory, and without prejudice to the right of the Parliament and Government established by this Constitution to exercise jurisdiction over the whole of that territory, the laws enacted by that Parliament shall have the like area and extent of application as the laws of Saorstát Éireann and the like extra-territorial effect.

THE STATE.

Article 4.

The name of the State is Éire, or in the English language, *Ireland*.

AN NÁISIÚN

Airteagal 1.

Deimhníonn náisiún na hÉireann leis seo a gceart doshannta, dochloíte, ceannasach chun cibé cineál Rialtais is rogha leo féin a bhunú, chun a gcaidreamh le náisiúin eile a chinneadh, agus chun a saol polaitíochta is geilleagair is saíochta a chur ar aghaidh de réir dhúchais is gnás a sinsear.

Airteagal 2.

Is é oileán na hÉireann go hiomlán, maille lena oileáin agus a fharraigí teorann, na críocha náisiúnta.

Airteagal 3.

Go dtí go ndéantar athchomhlánú ar na críocha náisiúnta, agus gan dochar do cheart na Parlaiminte is an Rialtais a bhunaítear leis an mBunreacht seo chun dlínse a oibriú sna críocha náisiúnta uile, bainfidh na dlíthe a achtófar ag an bParlaimint sin leis an limistéar céanna lenar bhain dlíthe Shaorstát Éireann, agus beidh an éifeacht chéanna acu taobh amuigh den limistéar sin a bhí ag dlíthe Shaorstát Éireann.

AN STÁT.

Airteagal 4.

Éire is ainm don Stát nó, sa Sacs-Bhéarla, *Ireland*.

Article 5.

Ireland is a sovereign, independent, democratic state.

Article 6.

1.   All powers of government, legislative, executive and judicial, derive, under God, from the people, whose right it is to designate the rulers of the State and, in final appeal, to decide all questions of national policy, according to the requirements of the common good.

2.   These powers of government are exercisable only by or on the authority of the organs of State established by this Constitution.

Article 7.

The national flag is the tricolour of green, white and orange.

Article 8.

1.   The Irish language as the national language is the first official language.

2.   The English language is recognised as a second official language.

3.   Provision may, however, be made by law for the exclusive use of either of the said languages for any one or more official purposes, either throughout the State or in any part thereof.

Airteagal 5.

Is Stát ceannasach, neamhspleách, daonlathach Éire.

Airteagal 6.

1. Is ón bpobal, faoi Dhia, a thagas gach cumhacht riala, idir reachtaíocht is comhallacht is breithiúnas, agus is ag an bpobal atá sé de cheart rialtóirí an Stáit a cheapadh, agus is faoin bpobal faoi dheoidh atá gach ceist i dtaobh beartas an Náisiúin a shocrú de réir mar is gá chun leasa an phobail.

2. Is leis na horgain Stáit a chuirtear ar bun leis an mBunreacht seo, agus leo sin amháin nó lena n-údarás, is féidir na cumhachtaí riala sin a oibriú.

Airteagal 7.

An bhratach trí dhath .i. uaine, bán, agus flannbhuí, an suaitheantas náisiúnta.

Airteagal 8.

1. Ós í an Ghaeilge an teanga náisiúnta is í an phríomhtheanga oifigiúil í.

2. Glactar leis an Sacs-Bhéarla mar theanga oifigiúil eile.

3. Ach féadfar socrú a dhéanamh le dlí d'fhonn ceachtar den dá theanga sin a bheith ina haonteanga le haghaidh aon ghnó nó gnóthaí oifigiúla ar fud an Stáit ar fad nó in aon chuid de.

Article 9.

1.   1° On the coming into operation of this
Constitution any person who was a citizen of Saorstát
Éireann immediately before the coming into
operation of this Constitution shall become and be a
citizen of Ireland.

2° The future acquisition and loss of Irish
nationality and citizenship shall be determined in
accordance with law.

3° No person may be excluded from Irish
nationality and citizenship by reason of the sex of
such person.

2.   Fidelity to the nation and loyalty to the State are
fundamental political duties of all citizens.

Article 10.

1.   All natural resources, including the air and all forms
of potential energy, within the jurisdiction of the
Parliament and Government established by this
Constitution and all royalties and franchises within
that jurisdiction belong to the State subject to all
estates and interests therein for the time being
lawfully vested in any person or body.

2.   All land and all mines, minerals and waters which
belonged to Saorstát Éireann immediately before the
coming into operation of this Constitution belong to
the State to the same extent as they then belonged to
Saorstát Éireann.

Airteagal 9.

1. 1° Ar theacht i ngníomh don Bhunreacht seo is saoránach d'Éirinn aon duine ba shaoránach de Shaorstát Éireann díreach roimh theacht i ngníomh don Bhunreacht seo.

   2° Is de réir dlí a chinnfear fáil agus cailleadh náisiúntacht agus saoránacht Éireann feasta.

   3° Ní cead náisiúntacht agus saoránacht Éireann a cheilt ar dhuine ar bith toisc gur fireann nó toisc gur baineann an duine sin.

2. Is bundualgas polaitiúil ar gach saoránach bheith dílis don náisiún agus tairiseach don Stát.

Airteagal 10.

1. Gach ábhar maoine nádúrtha, mar aon leis an aer agus gach ábhar fuinnimh, dá bhfuil faoi dhlínse na Parlaiminte agus an Rialtais a bhunaítear leis an mBunreacht seo, maille le gach ríchíos agus díolúine dá bhfuil faoin dlínse sin, is leis an Stát iad uile, gan dochar do cibé eastáit agus leasanna is le haon duine nó le haon dream go dleathach in alt na huaire.

2. Gach talamh agus gach mianach, mianra, agus uisce ba le Saorstát Éireann díreach roimh theacht i ngníomh don Bhunreacht seo is leis an Stát iad uile sa mhéid go mba le Saorstát Éireann an uair sin iad.

Article 10 *(continued).*

3.   Provision may be made by law for the management
of the property which belongs to the State by virtue
of this Article and for the control of the alienation,
whether temporary or permanent, of that property.

4.   Provision may also be made by law for the
management of land, mines, minerals and waters
acquired by the State after the coming into operation
of this Constitution and for the control of the
alienation, whether temporary or permanent, of the
land, mines, minerals and waters so acquired.

Article 11.

All revenues of the State from whatever source
arising shall, subject to such exception as may be
provided by law, form one fund, and shall be
appropriated for the purposes and in the manner and
subject to the charges and liabilities determined and
imposed by law.

THE PRESIDENT.

Article 12.

1.   There shall be a President of Ireland (Uachtarán na
hÉireann), hereinafter called the President, who shall
take precedence over all other persons in the State
and who shall exercise and perform the powers and
functions conferred on the President by this
Constitution and by law.

Airteagal 10 *(ar leanúint).*

3.　　Féadfar socrú a dhéanamh le dlí chun bainistí a dhéanamh ar an maoin is leis an Stát de bhua an Airteagail seo, agus chun sannadh buan nó sannadh sealadach na maoine sin a rialú.

4.　　Féadfar socrú a dhéanamh le dlí, fairis sin, chun bainistí a dhéanamh ar thalamh, ar mhianaigh, ar mhianraí agus ar uiscí a thiocfas i seilbh an Stáit d'éis teacht i ngníomh don Bhunreacht seo, agus chun sannadh buan nó sannadh sealadach na talún, na mianach, na mianraí agus na n-uiscí a thiocfas ina sheilbh amhlaidh a rialú.

Airteagal 11.

　　Ní foláir cíos uile an Stáit cibé bunadh atá leis, ach amháin an chuid sin de ar a ndéantar eisceacht le dlí, a chur in aon chiste amháin agus é a leithghabháil chun na gcríocha agus ar an modh, a chinntear le dlí agus faoi chuimsiú na muirear agus na bhféichiúnas a ghearrtar le dlí.

AN tUACHTARÁN.

Airteagal 12.

1.　　Beidh Uachtarán ar Éirinn (.i. Uachtarán na hÉireann), ar a dtugtar an tUachtarán sa Bhunreacht seo feasta; beidh tosach aige ar gach uile dhuine sa Stát, agus ní foláir dó na cumhachtaí agus na feidhmeanna a bheirtear don Uachtarán leis an mBunreacht seo agus le dlí a oibriú agus a chomhlíonadh.

Article 12 *(continued).*

2.   1° The President shall be elected by direct vote of
the people.

2° Every citizen who has the right to vote at an
election for members of Dáil Éireann shall have the
right to vote at an election for President.

3° The voting shall be by secret ballot and on the
system of proportional representation by means of the
single transferable vote.

3.   1° The President shall hold office for seven years
from the date upon which he enters upon his office,
unless before the expiration of that period he dies, or
resigns, or is removed from office, or becomes
permanently incapacitated, such incapacity being
established to the satisfaction of the Supreme Court
consisting of not less than five judges.

2° A person who holds, or who has held, office as
President, shall be eligible for re-election to that
office once, but only once.

3° An election for the office of President shall be
held not later than, and not earlier than the sixtieth
day before, the date of the expiration of the term of
office of every President, but in the event of the
removal from office of the President or of his death,
resignation, or permanent incapacity established as
aforesaid (whether occurring before or after he enters
upon his office), an election for the office of
President shall be held within sixty days after such
event.

Airteagal 12 *(ar leanúint).*

2.   1° Le vóta lomdíreach an phobail a thoghfar an
tUachtarán.

2° Gach saoránach ag a bhfuil ceart vótála i
dtoghchán do chomhaltaí de Dháil Éireann, beidh
ceart vótála aige i dtoghchán don Uachtarán.

3° Is le rúnbhallóid agus de réir na hionadaíochta
cionúire agus ar mhodh an aonghutha inaistrithe a
dhéanfar an vótáil.

3.   1° Beidh an tUachtarán i seilbh oifige go ceann
seacht mbliana ón lá a rachaidh i gcúram a oifige
mura dtarlaí roimh dheireadh an téarma sin go
n-éagfaidh nó go n-éireoidh as oifig nó go gcuirfear
as oifig é, nó go ngabhfaidh míthreoir bhuan é agus
go suífear sin go sásamh na Cúirte Uachtaraí agus í
comhdhéanta de chúigear breitheamh ar a laghad.

2° Duine atá nó a bhí ina Uachtarán, is intofa
chun na hoifige sin é aon uair amháin eile, ach sin a
mbeidh.

3° Ní foláir toghchán d'oifig an Uachtaráin a
dhéanamh lá nach déanaí ná dáta dheireadh théarma
oifige gach Uachtaráin ar leith agus nach luaithe ná
an seascadú lá roimh an dáta sin, ach má chuirtear an
tUachtarán as oifig, nó má tharlaíonn dó (roimh é a
dhul i gcúram a oifige nó dá éis sin) é d'éag nó é
d'éirí as nó míthreoir bhuan arna suíomh mar a
dúradh dá ghabháil, ní foláir toghchán d'oifig an
Uachtaráin a dhéanamh taobh istigh de sheasca lá tar
éis an ní sin a tharlú.

Article 12 *(continued)*.

4.   1° Every citizen who has reached his thirty-fifth year of age is eligible for election to the office of President.

2° Every candidate for election, not a former or retiring President, must be nominated either by:

    i.   not less than twenty persons, each of whom is at the time a member of one of the Houses of the Oireachtas, or

    ii. by the Councils of not less than four administrative Counties (including County Boroughs) as defined by law.

3° No person and no such Council shall be entitled to subscribe to the nomination of more than one candidate in respect of the same election.

4° Former or retiring Presidents may become candidates on their own nomination.

5° Where only one candidate is nominated for the office of President it shall not be necessary to proceed to a ballot for his election.

5.   Subject to the provisions of this Article, elections for the office of President shall be regulated by law.

Airteagal 12 *(ar leanúint).*

4.   1°   Gach saoránach ag a bhfuil cúig bliana tríochad slán, is intofa chun oifig an Uachtaráin é.

2°   Gach iarrthóir d'oifig an Uachtaráin, seachas duine atá nó a bhí ina Uachtarán cheana, is uathu seo a leanas nach foláir a ainmniú a theacht:

   i.   fiche duine ar a laghad agus gach duine faoi leith díobh sin ina chomhalta, in alt na huaire, de Theach de Thithe an Oireachtais, nó

   ii. Comhairlí ceithre Chontae riaracháin ar a laghad (agus Contae-Bhuirgí a áireamh) mar a mhínítear le dlí.

3°   Ní cead d'aon duine ná d'aon Chomhairle díobh sin bheith páirteach in ainmniú breis is aon iarrthóir amháin d'oifig an Uachtaráin san aon-toghchán.

4°   Tig le haon duine atá nó a bhí ina Uachtarán é féin a ainmniú d'oifig an Uachtaráin.

5°   Nuair nach n-ainmnítear d'oifig an Uachtaráin ach aon iarrthóir amháin, ní gá vótáil chun é a thoghadh.

5.   Faoi chuimsiú forálacha an Airteagail seo is le dlí a rialófar toghcháin d'oifig an Uachtaráin.

Article 12 *(continued).*

6.   1° The President shall not be a member of either House of the Oireachtas.

2° If a member of either House of the Oireachtas be elected President, he shall be deemed to have vacated his seat in that House.

3° The President shall not hold any other office or position of emolument.

7.   The first President shall enter upon his office as soon as may be after his election, and every subsequent President shall enter upon his office on the day following the expiration of the term of office of his predecessor or as soon as may be thereafter or, in the event of his predecessor's removal from office, death, resignation, or permanent incapacity established as provided by section 3 hereof, as soon as may be after the election.

8.   The President shall enter upon his office by taking and subscribing publicly, in the presence of members of both Houses of the Oireachtas, of Judges of the Supreme Court and of the High Court, and other public personages, the following declaration:—

Airteagal 12 *(ar leanúint).*

6.   1° Ní cead an tUachtarán a bheith ina chomhalta
de Dháil Éireann ná de Sheanad Éireann.

2° Má thoghtar comhalta de cheachtar de Thithe
an Oireachtais chun bheith ina Uachtarán, ní foláir a
mheas go bhfuil scartha aige le comhaltas an Tí sin.

3° Ní cead don Uachtarán aon oifig ná post
sochair a bheith aige seachas a oifig Uachtaráin.

7.   Ní foláir don chéad Uachtarán dul i gcúram a oifige
chomh luath agus is féidir é tar éis é a thoghadh, agus
ní foláir do gach Uachtarán dá éis sin dul i gcúram a
oifige an lá i ndiaidh deireadh théarma oifige a
réamhtheachtaí nó chomh luath agus is féidir é dá éis
sin nó, má tharlaíonn dá réamhtheachtaí go gcuirfear
as oifig é nó go n-éagfaidh nó go n-éireoidh as oifig
nó neachtar acu go ngabhfaidh míthreoir bhuan é
agus go suífear sin mar a shocraítear le halt 3 den
Airteagal seo, chomh luath agus is féidir é tar éis an
toghcháin.

8.   Is é slí a rachaidh an tUachtarán i gcúram a oifige ná
leis an dearbhú seo a leanas a dhéanamh go poiblí
agus a lámh a chur leis i bhfianaise chomhaltaí den dá
Theach den Oireachtas, agus breithiúna den Chúirt
Uachtarach agus den Ard-Chúirt agus maithe poiblí
eile:–

Article 12 *(continued)*.

> "In the presence of Almighty God I   ,
> do solemnly and sincerely promise and declare that I
> will maintain the Constitution of Ireland and uphold
> its laws, that I will fulfil my duties faithfully and
> conscientiously in accordance with the Constitution
> and the law, and that I will dedicate my abilities to
> the service and welfare of the people of Ireland. May
> God direct and sustain me."

9.   The President shall not leave the State during his term of office save with the consent of the Government.

10.   1° The President may be impeached for stated misbehaviour.

   2° The charge shall be preferred by either of the Houses of the Oireachtas, subject to and in accordance with the provisions of this section.

   3° A proposal to either House of the Oireachtas to prefer a charge against the President under this section shall not be entertained unless upon a notice of motion in writing signed by not less than thirty members of that House.

   4° No such proposal shall be adopted by either of the Houses of the Oireachtas save upon a resolution of that House supported by not less than two-thirds of the total membership thereof.

Airteagal 12 *(ar leanúint).*

"I láthair Dia na nUilechumhacht, táimse,
, á ghealladh agus
á dhearbhú go sollúnta is go fírinneach bheith i mo
thaca agus i mo dhídin do Bhunreacht Éireann, agus a
dlíthe a chaomhnú, mo dhualgais a chomhlíonadh go
dílis coinsiasach de réir an Bhunreacht is an dlí, agus
mo lándícheall a dhéanamh ar son leasa is fónaimh
mhuintir na hÉireann. Dia do mo stiúradh agus do mo
chumhdach."

9.   Ní cead don Uachtarán imeacht ón Stát le linn é a
bheith in oifig, ach amháin le toil an Rialtais.

10.   1° Féadfar an tUachtarán a tháinseamh as ucht mí-
iompair a luafar.

        2° Ceachtar de Thithe an Oireachtais a dhéanfas
an cúiseamh agus is faoi chuimsiú agus de réir
forálacha an ailt seo a dhéanfar é.

        3° Má thairgtear do cheachtar de Thithe an
Oireachtais cúis a thabhairt in aghaidh an Uachtaráin
faoin alt seo ní cead aird a thabhairt ar an tairiscint
sin ach amháin de bharr fógra tairisceana i scríbhinn
faoi láimh tríocha comhalta ar a laghad den Teach
sin.

        4° Ní cead do cheachtar de Thithe an Oireachtais
glacadh le haon tairiscint den sórt sin ach amháin de
bharr rúin ón Teach sin lena mbeidh tacaíocht dhá
thrian ar a laghad dá lánchomhaltas.

Article 12 *(continued).*

5° When a charge has been preferred by either House of the Oireachtas, the other House shall investigate the charge, or cause the charge to be investigated.

6° The President shall have the right to appear and to be represented at the investigation of the charge.

7° If, as a result of the investigation, a resolution be passed supported by not less than two-thirds of the total membership of the House of the Oireachtas by which the charge was investigated, or caused to be investigated, declaring that the charge preferred against the President has been sustained and that the misbehaviour, the subject of the charge, was such as to render him unfit to continue in office, such resolution shall operate to remove the President from his office.

11.   1° The President shall have an official residence in or near the City of Dublin.

2° The President shall receive such emoluments and allowances as may be determined by law.

3° The emoluments and allowances of the President shall not be diminished during his term of office.

Airteagal 12 *(ar leanúint).*

5° Má dhéanann ceachtar de Thithe an Oireachtais cúiseamh faoin alt seo ní foláir don Teach eile an chúis a scrúdú nó an chúis a chur á scrúdú.

6° Beidh de cheart ag an Uachtarán bheith i láthair agus lucht tagartha a bheith aige ar an scrúdú sin.

7° Más é toradh an scrúdaithe sin go rithfear rún, le tacaíocht dhá thrian ar a laghad de lánchomhaltas an Tí den Oireachtas a scrúdaigh an chúis nó a chuir an chúis á scrúdú, á dhearbhú gur suíodh an chúis a tugadh in aghaidh an Uachtaráin agus, an mí-iompar ba shiocair don chúiseamh, gur mí-iompar é a bhfuil an tUachtarán neamhoiriúnach dá dheasca chun fanacht i seilbh oifige, is é is feidhm don rún sin an tUachtarán a chur as oifig.

11.   1° Beidh stát-áras ag an Uachtarán i gcathair Bhaile Átha Cliath nó ar a cóngar.

2° Gheobhaidh an tUachtarán sochair agus liúntais faoi mar a chinnfear le dlí.

3° Ní cead laghdú a dhéanamh ar shochair ná ar liúntais an Uachtaráin le linn é a bheith in oifig.

Article 13.

1.   1° The President shall, on the nomination of Dáil Éireann, appoint the Taoiseach, that is, the head of the Government or Prime Minister.

   2° The President shall, on the nomination of the Taoiseach with the previous approval of Dáil Éireann, appoint the other members of the Government.

   3° The President shall, on the advice of the Taoiseach, accept the resignation or terminate the appointment of any member of the Government.

2.   1° Dáil Éireann shall be summoned and dissolved by the President on the advice of the Taoiseach.

   2° The President may in his absolute discretion refuse to dissolve Dáil Éireann on the advice of a Taoiseach who has ceased to retain the support of a majority in Dáil Éireann.

   3° The President may at any time, after consultation with the Council of State, convene a meeting of either or both of the Houses of the Oireachtas.

3.   1° Every Bill passed or deemed to have been passed by both Houses of the Oireachtas shall require the signature of the President for its enactment into law.

   2° The President shall promulgate every law made by the Oireachtas.

Airteagal 13.

1.   1° Ceapfaidh an tUachtarán an Taoiseach .i. an Ceann Rialtais nó an Príomh-Aire, arna ainmniú sin ag Dáil Éireann.

       2° Arna n-ainmniú ag an Taoiseach le comhaontú Dháil Éireann roimh ré, ceapfaidh an tUachtarán na comhaltaí eile den Rialtas.

       3° Ar chomhairle an Taoisigh ní foláir don Uachtarán glacadh le haon chomhalta den Rialtas d'éirí as oifig, nó comhalta ar bith den Rialtas a chur as oifig.

2.   1° Is é an tUachtarán, ar chomhairle an Taoisigh, a chomórfas agus a lánscoirfeas Dáil Éireann.

       2° Tig leis an Uachtarán, as a chomhairle féin, diúltú do Dháil Éireann a lánscor ar chomhairle Taoisigh nach leanann tromlach i nDáil Éireann de bheith i dtacaíocht leis.

       3° Tig leis an Uachtarán uair ar bith, tar éis comhairle a ghlacadh leis an gComhairle Stáit, ceachtar de Thithe an Oireachtais, nó iad araon, a chomóradh.

3.   1° Gach Bille a ritear nó a mheastar a ritheadh ag dhá Theach an Oireachtais ní foláir lámh an Uachtaráin a bheith leis chun é a achtú ina dhlí.

       2° Gach dlí dá ndéanfaidh an tOireachtas ní foláir don Uachtarán é a fhógairt.

Article 13 *(continued).*

4.   The supreme command of the Defence Forces is hereby vested in the President.

5.   1° The exercise of the supreme command of the Defence Forces shall be regulated by law.

      2° All commissioned officers of the Defence Forces shall hold their commissions from the President.

6.   The right of pardon and the power to commute or remit punishment imposed by any court exercising criminal jurisdiction are hereby vested in the President, but such power of commutation or remission may, except in capital cases, also be conferred by law on other authorities.

7.   1° The President may, after consultation with the Council of State, communicate with the Houses of the Oireachtas by message or address on any matter of national or public importance.

      2° The President may, after consultation with the Council of State, address a message to the Nation at any time on any such matter.

      3° Every such message or address must, however, have received the approval of the Government.

Airteagal 13 *(ar leanúint).*

4.   Leis seo cuirtear na Fórsaí Cosanta faoi ardcheannas an Uachtaráin.

5.   1° An t-ardcheannas ar na Fórsaí Cosanta is le dlí a rialófar an modh ar a n-oibreofar é.

2° Is ón Uachtarán a bheidh a ghairm ag gach oifigeach gairme de na Fórsaí Cosanta.

6.   Bheirtear don Uachtarán leis seo ceart maithiúnais, agus cumhacht chun maolaithe nó loghtha pionóis a ghearrtar ar dhaoine in aon chúirt dlínse coire, ach, taobh amuigh de chásanna breithe báis, féadfar an chumhacht maolaithe nó loghtha sin a thabhairt le dlí d'údaráis eile freisin.

7.   1° Tig leis an Uachtarán, tar éis comhairle a ghlacadh leis an gComhairle Stáit, teachtaireacht nó aitheasc a chur faoi bhráid Tithe an Oireachtais i dtaobh aon ní a bhfuil tábhacht náisiúnta nó tábhacht phoiblí ann.

2° Tig leis an Uachtarán uair ar bith, tar éis comhairle a ghlacadh leis an gComhairle Stáit, aitheasc a chur faoi bhráid an Náisiúin i dtaobh aon ní den sórt sin.

3° Ach i ngach cás díobh sin ní foláir an Rialtas a bheith sásta roimh ré leis an teachtaireacht nó leis an aitheasc.

Article 13 *(continued).*

8.   1°   The President shall not be answerable to either House of the Oireachtas or to any court for the exercise and performance of the powers and functions of his office or for any act done or purporting to be done by him in the exercise and performance of these powers and functions.

2°   The behaviour of the President may, however, be brought under review in either of the Houses of the Oireachtas for the purposes of section 10 of Article 12 of this Constitution, or by any court, tribunal or body appointed or designated by either of the Houses of the Oireachtas for the investigation of a charge under section 10 of the said Article.

9.   The powers and functions conferred on the President by this Constitution shall be exercisable and performable by him only on the advice of the Government, save where it is provided by this Constitution that he shall act in his absolute discretion or after consultation with or in relation to the Council of State, or on the advice or nomination of, or on receipt of any other communication from, any other person or body.

10.   Subject to this Constitution, additional powers and functions may be conferred on the President by law.

Airteagal 13 *(ar leanúint).*

8.   1°   Níl an tUachtarán freagrach d'aon Teach den
       Oireachtas ná d'aon chúirt in oibriú is i
       gcomhlíonadh cumhachtaí is feidhmeanna a oifige ná
       in aon ghníomh dá ndéanann sé nó a bheireann le
       tuiscint gur gníomh é a dhéanann sé in oibriú agus i
       gcomhlíonadh na gcumhachtaí is na bhfeidhmeanna
       sin.

       2°   Ach féadfar iompar an Uachtaráin a chur faoi
       léirmheas i gceachtar de Thithe an Oireachtais chun
       críocha alt 10 d'Airteagal 12 den Bhunreacht seo, nó
       ag aon chúirt, binse nó comhlacht a cheapfar nó a
       ainmneofar ag ceachtar de Thithe an Oireachtais chun
       cúis faoi alt 10 den Airteagal sin a scrúdú.

9.   Taobh amuigh de chás dá socraítear leis an
       mBunreacht seo go ngníomhóidh an tUachtarán as a
       chomhairle féin, nó tar éis comhairle a ghlacadh leis
       an gComhairle Stáit, nó go ngníomhóidh sé i dtaobh
       ní a bhaineas leis an gComhairle Stáit, nó ar
       chomhairle nó ainmniú aon duine nó aon dreama
       eile, nó ar aon scéala eile a fháil ó aon duine nó aon
       dream eile, is ar chomhairle an Rialtais amháin is
       cead don Uachtarán na cumhachtaí agus na
       feidhmeanna a bheirtear dó leis an mBunreacht seo a
       oibriú is a chomhlíonadh.

10.   Faoi chuimsiú an Bhunreachta seo féadfar tuilleadh
       cumhachtaí agus feidhmeanna a thabhairt don
       Uachtarán le dlí.

Article 13 *(continued).*

11.	No power or function conferred on the President by law shall be exercisable or performable by him save only on the advice of the Government.

Article 14.

1.	In the event of the absence of the President, or his temporary incapacity, or his permanent incapacity established as provided by section 3 of Article 12 hereof, or in the event of his death, resignation, removal from office, or failure to exercise and perform the powers and functions of his office or any of them, or at any time at which the office of President may be vacant, the powers and functions conferred on the President by or under this Constitution shall be exercised and performed by a Commission constituted as provided in section 2 of this Article.

2.	1°	The Commission shall consist of the following persons, namely, the Chief Justice, the Chairman of Dáil Éireann (An Ceann Comhairle), and the Chairman of Seanad Éireann.

	2°	The President of the High Court shall act as a member of the Commission in the place of the Chief Justice on any occasion on which the office of Chief Justice is vacant or on which the Chief Justice is unable to act.

Airteagal 13 *(ar leanúint).*

11. Ní cead don Uachtarán aon chumhacht ná feidhm
     dá mbronntar air le dlí a oibriú ná a chomhlíonadh
     ach amháin ar chomhairle an Rialtais.

Airteagal 14.

1. Má bhíonn an tUachtarán as láthair nó má bhíonn
    ar míthreoir go sealadach, nó má bhíonn ar míthreoir
    go buan agus go suífear sin mar a shocraítear le halt 3
    d'Airteagal 12 den Bhunreacht seo, nó má tharlaíonn
    é d'éag nó é d'éirí as oifig nó é a chur as oifig, nó má
    theipeann air cumhachtaí is feidhmeanna a oifige nó
    aon cheann díobh a oibriú is a chomhlíonadh, nó má
    bhíonn oifig an Uachtaráin folamh, is Coimisiún a
    bheas comhdhéanta mar a shocraítear in alt 2 den
    Airteagal seo a oibreos is a chomhlíonfas na
    cumhachtaí is na feidhmeanna a bhronntar ar an
    Uachtarán leis an mBunreacht seo nó faoi.

2. 1° Is iad na daoine seo a leanas an Coimisiún, .i.
    an Príomh-Bhreitheamh, Cathaoirleach Dháil Éireann
    (An Ceann Comhairle) agus Cathaoirleach Sheanad
    Éireann.

    2° Gníomhóidh Uachtarán na hArd-Chúirte ina
    chomhalta den Choimisiún in ionad an Phríomh-
    Bhreithimh aon uair a bheas oifig an Phríomh-
    Bheithimh folamh nó a bheas an Príomh-
    Bhreitheamh gan bheith i gcumas gníomhaithe.

Article 14 *(continued).*

3° The Deputy Chairman of Dáil Éireann shall act as a member of the Commission in the place of the Chairman of Dáil Éireann on any occasion on which the office of Chairman of Dáil Éireann is vacant or on which the said Chairman is unable to act.

4° The Deputy Chairman of Seanad Éireann shall act as a member of the Commission in the place of the Chairman of Seanad Éireann on any occasion on which the office of Chairman of Seanad Éireann is vacant or on which the said Chairman is unable to act.

3. The Commission may act by any two of their number and may act notwithstanding a vacancy in their membership.

4. The Council of State may by a majority of its members make such provision as to them may seem meet for the exercise and performance of the powers and functions conferred on the President by or under this Constitution in any contingency which is not provided for by the foregoing provisions of this Article.

5. 1° The provisions of this Constitution which relate to the exercise and performance by the President of the powers and functions conferred on him by or under this Constitution shall subject to the subsequent provisions of this section apply to the exercise and performance of the said powers and functions under this Article.

Airteagal 14 *(ar leanúint).*

3° Gníomhóidh Leas-Chathaoirleach Dháil
Éireann ina chomhalta den Choimisiún in ionad
Chathaoirleach Dháil Éireann aon uair a bheas oifig
Chathaoirleach Dháil Éireann folamh nó a bheas an
Cathaoirleach sin gan bheith i gcumas gníomhaithe.

4° Gníomhóidh Leas-Chathaoirleach Sheanad
Éireann ina chomhalta den Choimisiún in ionad
Chathaoirleach Sheanad Éireann aon uair a bheas
oifig Chathaoirleach Sheanad Éireann folamh nó a
bheas an Cathaoirleach sin gan bheith i gcumas
gníomhaithe.

3. Is dleathach don Choimisiún gníomhú trí bheirt ar
bith dá líon agus gníomhú d'ainneoin folúntais ina
gcomhaltas.

4. Féadfaidh an Chomhairle Stáit, le tromlach dá
gcomhaltaí, cibé socrú is oircheas leo a dhéanamh
chun na cumhachtaí agus na feidhmeanna a bhronntar
ar an Uachtarán leis an mBunreacht seo nó faoi a
oibriú is a chomhlíonadh in aon chás nach ndéantar
socrú ina chomhair leis na forálacha sin romhainn
den Airteagal seo.

5. 1° Na forálacha den Bhunreacht seo a bhaineas
leis an Uachtarán d'oibriú is do chomhlíonadh na
gcumhachtaí is na bhfeidhmeanna a bhronntar air leis
an mBunreacht seo nó faoi bainfid, faoi chuimsiú na
bhforálacha inár ndiaidh den alt seo, le hoibriú is le
comhlíonadh na gcumhachtaí is na bhfeidhmeanna
sin faoin Airteagal seo.

Article 14 *(continued).*

2°   In the event of the failure of the President to exercise or perform any power or function which the President is by or under this Constitution required to exercise or perform within a specified time, the said power or function shall be exercised or performed under this Article, as soon as may be after the expiration of the time so specified.

THE NATIONAL PARLIAMENT.

Constitution and Powers.

Article 15.

1.   1°   The National Parliament shall be called and known, and is in this Constitution generally referred to, as the Oireachtas.

2°   The Oireachtas shall consist of the President and two Houses, viz.: a House of Representatives to be called Dáil Éireann and a Senate to be called Seanad Éireann.

3°   The Houses of the Oireachtas shall sit in or near the City of Dublin or in such other place as they may from time to time determine.

2.   1°   The sole and exclusive power of making laws for the State is hereby vested in the Oireachtas: no other legislative authority has power to make laws for the State.

Airteagal 14 *(ar leanúint).*

2° Má theipeann ar an Uachtarán aon chumhacht nó feidhm a oibriú nó a chomhlíonadh nach foláir dó, de réir an Bhunreachta seo nó faoi, í a oibriú nó a chomhlíonadh faoi cheann aimsire a luaitear, ní foláir í a oibriú nó a chomhlíonadh faoin Airteagal seo chomh luath agus is féidir é tar éis na haimsire a luaitear amhlaidh.

AN PHARLAIMINT NÁISIÚNTA.

Comhdhéanamh agus Cumhachtaí.

Airteagal 15.

1.   1° An tOireachtas is ainm don Pharlaimint Náisiúnta, agus sin é a bheirtear uirthi de ghnáth sa Bhunreacht seo.

2° An tUachtarán agus dhá Theach atá san Oireachtas: Teach Ionadóirí ar a dtugtar Dáil Éireann, agus Seanad ar a dtugtar Seanad Éireann.

3° Is i gcathair Bhaile Átha Cliath nó ar a cóngar, nó cibé áit eile ar a gcinnfid ó am go ham, a shuífid Tithe an Oireachtais.

2.   1° Bheirtear don Oireachtas amháin leis seo an t-aon chumhacht chun dlíthe a dhéanamh don Stát; níl cumhacht ag údarás reachtaíochta ar bith eile chun dlíthe a dhéanamh don Stát.

Article 15 *(continued).*

2° Provision may however be made by law for the creation or recognition of subordinate legislatures and for the powers and functions of these legislatures.

3.   1° The Oireachtas may provide for the establishment or recognition of functional or vocational councils representing branches of the social and economic life of the people.

2° A law establishing or recognising any such council shall determine its rights, powers and duties, and its relation to the Oireachtas and to the Government.

4.   1° The Oireachtas shall not enact any law which is in any respect repugnant to this Constitution or any provision thereof.

2° Every law enacted by the Oireachtas which is in any respect repugnant to this Constitution or to any provision thereof, shall, but to the extent only of such repugnancy, be invalid.

5.   The Oireachtas shall not declare acts to be infringements of the law which were not so at the date of their commission.

Airteagal 15 *(ar leanúint).*

2° Ach féadfar socrú a dhéanamh le dlí chun fo-reachtais a chur ar bun nó chun glactha leo, agus chun cumhachtaí agus feidhmeanna na bhfo-reachtas sin a leagan amach.

3. 1° Tig leis an Oireachtas socrú a dhéanamh chun comhairlí feidhmeannais is gairme beatha, a ionadaíos ranna de shaol chomhdhaonnach agus de shaol gheilleagrach an phobail, a chur ar bun nó glacadh leo.

2° Dlí ar bith lena gcuirtear comhairle den sórt sin ar bun nó faoina nglactar léi ní foláir léiriú a bheith ann ar chearta, ar chumhachtaí agus ar dhualgais na comhairle sin, agus fós ar a comhbhaint leis an Oireachtas agus leis an Rialtas.

4. 1° Ní cead don Oireachtas aon dlí a achtú a bheadh ar aon chuma in aghaidh an Bhunreachta seo nó in aghaidh aon fhorála den Bhunreacht seo.

2° I gcás aon dlí dá n-achtóidh an tOireachtas a bheith ar aon chuma in aghaidh an Bhunreachta seo nó in aghaidh aon fhorála den Bhunreacht seo beidh sé gan bhail sa mhéid go mbeidh sé in aghaidh an Bhunreachta seo agus sa mhéid sin amháin.

5. Ní cead don Oireachtas a rá gur sárú dlí gníomhartha nár shárú dlí iad le linn a ndéanta.

Article 15 *(continued).*

6. 1° The right to raise and maintain military or armed forces is vested exclusively in the Oireachtas.

  2° No military or armed force, other than a military or armed force raised and maintained by the Oireachtas, shall be raised or maintained for any purpose whatsoever.

7. The Oireachtas shall hold at least one session every year.

8. 1° Sittings of each House of the Oireachtas shall be public.

  2° In cases of special emergency, however, either House may hold a private sitting with the assent of two-thirds of the members present.

9. 1° Each House of the Oireachtas shall elect from its members its own Chairman and Deputy Chairman, and shall prescribe their powers and duties.

  2° The remuneration of the Chairman and Deputy Chairman of each House shall be determined by law.

Airteagal 15 *(ar leanúint).*

6.   1° Is ag an Oireachtas amháin atá de cheart fórsaí míleata nó fórsaí armtha a bhunú agus a chothabháil.

2° Ní dleathach fórsa míleata ná fórsa armtha ar bith, seachas fórsa míleata nó fórsa armtha a bhunaítear agus a chothabháiltear ag an Oireachtas, a bhunú ná a chothabháil chun críche ar bith.

7.   Ní foláir don Oireachtas suí uair sa bhliain ar a laghad.

8.   1° Is go poiblí a shuífidh gach Teach den Oireachtas.

2° Ach i gcás práinn speisialta a bheith ann, tig le ceachtar den dá Theach suí go príobháideach ach dhá thrian de na comhaltaí a bheas i láthair do thoiliú leis.

9.   1° Toghfaidh gach Teach ar leith den Oireachtas a Chathaoirleach agus a Leas-Chathaoirleach féin as a chomhaltas féin, agus leagfaidh amach dóibh a gcumhachtaí agus a ndualgais.

2° Is le dlí a chinnfear tuarastal Chathaoirleach is Leas-Chathaoirleach gach Tí ar leith.

Article 15 *(continued).*

10.   Each House shall make its own rules and standing orders, with power to attach penalties for their infringement, and shall have power to ensure freedom of debate, to protect its official documents and the private papers of its members, and to protect itself and its members against any person or persons interfering with, molesting or attempting to corrupt its members in the exercise of their duties.

11.   1° All questions in each House shall, save as otherwise provided by this Constitution, be determined by a majority of the votes of the members present and voting other than the Chairman or presiding member.

    2° The Chairman or presiding member shall have and exercise a casting vote in the case of an equality of votes.

    3° The number of members necessary to constitute a meeting of either House for the exercise of its powers shall be determined by its standing orders.

Airteagal 15 *(ar leanúint).*

10.   Déanfaidh gach Teach ar leith a rialacha agus a bhuan-orduithe féin, agus beidh sé de chumhacht ag gach Teach acu pionós a cheapadh do lucht a sáraithe sin; beidh sé de chumhacht aige fairis sin saoirse aighnis a chur in áirithe, agus a scríbhinní oifigiúla féin agus páipéir phríobháideacha a chomhaltaí a dhídean, agus fós é féin agus a chomhaltaí a dhídean ar aon duine nó ar aon dream daoine a dhéanfadh cur isteach nó toirmeasc ar a chomhaltaí nó a dhéanfadh iarracht ar iad a éilliú agus iad ag déanamh a ndualgas.

11.   1° Taobh amuigh de chás dá socraítear a mhalairt leis an mBunreacht seo is é slí a dtabharfar breith ar gach ceist i ngach Teach ar leith ná le formhór vótaí na gcomhaltaí a bheas i láthair agus a dhéanfas vótáil ach gan an Cathaoirleach nó an comhalta a bheas i gceannas a áireamh.

2° Más ionann líon na vótaí ar an dá thaobh beidh ag an gCathaoirleach, nó ag an gcomhalta a bheas i gceannas, vóta cinniúna nach foláir dó a thabhairt.

3° Is lena bhuan-orduithe a chinnfear cén méid comhalta a bheas riachtanach do thionól de cheachtar den dá Theach chun é a bheith i gcumas feidhme.

Article 15 *(continued).*

12.   All official reports and publications of the Oireachtas or of either House thereof and utterances made in either House wherever published shall be privileged.

13.   The members of each House of the Oireachtas shall, except in case of treason as defined in this Constitution, felony or breach of the peace, be privileged from arrest in going to and returning from, and while within the precincts of, either House, and shall not, in respect of any utterance in either House, be amenable to any court or any authority other than the House itself.

14.   No person may be at the same time a member of both Houses of the Oireachtas, and, if any person who is already a member of either House becomes a member of the other House, he shall forthwith be deemed to have vacated his first seat.

15.   The Oireachtas may make provision by law for the payment of allowances to the members of each House thereof in respect of their duties as public represen-tatives and for the grant to them of free travelling and such other facilities (if any) in connection with those duties as the Oireachtas may determine.

Airteagal 15 *(ar leanúint).*

12.   Gach tuarascáil agus foilseachán oifigiúil ón
Oireachtas agus ó gach Teach de, maille le caint ar
bith dá ndéantar in aon Teach díobh, táid saor ar
chúrsaí dlí cibé áit a bhfoilsítear.

13.   Tá comhaltaí gach Tí den Oireachtas saor ar
ghabháil le linn bheith i dtearmann ceachtar den dá
Theach nó ag teacht chuige nó ag imeacht uaidh, ach
amháin i gcás tréasa, mar a mhínítear sa Bhunreacht
seo é, nó i gcás feileonachta nó briseadh síochána,
agus cibé caint a dhéanfaidh comhalta in aon Teach
díobh ní inchúisithe é mar gheall uirthi in aon chúirt
ná ag údarás ar bith ach amháin an Teach féin.

14.   Ní cead d'aon duine bheith ina chomhalta de dhá
Theach an Oireachtais san am chéanna, agus aon
duine a bheas ina chomhalta de Theach díobh agus go
ndéanfar comhalta den Teach eile de, ní foláir a
mheas láithreach go bhfuil éirithe aige as an gcéad
ionad.

15.   Tig leis an Oireachtas socrú a dhéanamh le dlí chun
liúntais a íoc le comhaltaí gach Tí de as ucht a
ndualgas i gcáil ionadóirí poiblí, agus chun go
ndeonfaí dóibh, maidir lena ndualgais, saoráid chun
taisteal in aisce agus cibé saoráid eile a chinnfidh an
tOireachtas, má chinneann.

Dáil Éireann.

Article 16.

1.   1° Every citizen without distinction of sex who has reached the age of twenty-one years, and who is not placed under disability or incapacity by this Constitution or by law, shall be eligible for membership of Dáil Éireann.

    2° i. All citizens, and

    ii. such other persons in the State as may be determined by law,

    without distinction of sex who have reached the age of eighteen years who are not disqualified by law and comply with the provisions of the law relating to the election of members of Dáil Éireann, shall have the right to vote at an election for members of Dáil Éireann.

    3° No law shall be enacted placing any citizen under disability or incapacity for membership of Dáil Éireann on the ground of sex or disqualifying any citizen or other person from voting at an election for members of Dáil Éireann on that ground.

    4° No voter may exercise more than one vote at an election for Dáil Éireann, and the voting shall be by secret ballot.

Dáil Éireann.

Airteagal 16.

1.   1° Gach saoránach, cibé acu fear nó bean, ag a bhfuil bliain agus fiche slán agus nach gcuirtear faoi mhíchumas nó faoi mhíthreoir leis an mBunreacht seo ná le dlí, tá sé intofa ar chomhaltas Dháil Éireann.

2° i. Gach uile shaoránach, agus

ii. cibé daoine eile sa Stát a cinnfear le dlí,

cibé acu fir nó mná, ag a bhfuil ocht mbliana déag slán agus ná cuirtear faoi dhícháilíocht le dlí, agus a chomhlíonann coinníollacha an dlí i dtaobh toghcháin comhaltaí do Dháil Éireann, tá ceart vótála acu i dtoghchán comhaltaí do Dháil Éireann.

3° Ní cead aon dlí a achtú a chuirfeadh saoránach ar bith, toisc gur fear nó toisc gur bean an saoránach sin, faoi mhíchumas nó faoi mhíthreoir maidir lena bheith ina chomhalta de Dháil Éireann nó a dhícháileodh saoránach ar bith nó duine ar bith eile, ar an bhforas céanna sin, ó bheith i dteideal vótála i dtoghchán comhaltaí do Dháil Éireann.

4° Ní cead do thoghthóir ar bith thar aon vóta amháin a thabhairt i dtoghchán do Dháil Éireann, agus is le rúnbhallóid a dhéanfar an vótáil.

Article 16 *(continued).*

2.   1° Dáil Éireann shall be composed of members who represent constituencies determined by law.

2° The number of members shall from time to time be fixed by law, but the total number of members of Dáil Éireann shall not be fixed at less than one member for each thirty thousand of the population, or at more than one member for each twenty thousand of the population.

3° The ratio between the number of members to be elected at any time for each constituency and the population of each constituency, as ascertained at the last preceding census, shall, so far as it is practicable, be the same throughout the country.

4° The Oireachtas shall revise the constituencies at least once in every twelve years, with due regard to changes in distribution of the population, but any alterations in the constituencies shall not take effect during the life of Dáil Éireann sitting when such revision is made.

5° The members shall be elected on the system of proportional representation by means of the single transferable vote.

6° No law shall be enacted whereby the number of members to be returned for any constituency shall be less than three.

3.   1° Dáil Éireann shall be summoned and dissolved as provided by section 2 of Article 13 of this Constitution.

Airteagal 16 *(ar leanúint).*

2. 1° Ionadóirí do dháilcheantair a shocraítear le dlí comhaltas Dháil Éireann.

2° Socrófar líon comhaltaí Dháil Éireann le dlí ó am go ham ach ní cead a lánlíon a bheith faoi bhun comhalta in aghaidh gach tríocha míle den daonra, ná os cionn comhalta in aghaidh gach fiche míle den daonra.

3° An chomhréir a bheas idir an líon comhaltaí a bheas le toghadh aon tráth le haghaidh gach dáilcheantair ar leith agus daonra gach dáilcheantair ar leith, de réir an daonáirimh is déanaí dá ndearnadh roimhe sin, ní foláir í a bheith ar cothrom, sa mhéid gur féidir é, ar fud na dúiche uile.

4° Ní foláir don Oireachtas na dáilcheantair a athmheas uair ar a laghad sa dá bhliain déag ag féachaint go cuí d'aon athruithe ar shuíomh an daonra; ach athruithe ar bith dá ndéanfar ar na dáilcheantair ní thiocfaid i bhfeidhm i rith ré na Dála a bheas ina suí le linn an athmheasta sin.

5° Is de réir na hionadaíochta cionúire agus ar mhodh an aonghutha inaistrithe a thoghfar na comhaltaí.

6° Ní cead dlí a achtú a bhéarfadh faoi bhun triúir an líon comhaltaí a bheas le toghadh d'aon dáilcheantar.

3. 1° Ní foláir Dáil Éireann a chomóradh agus a lánscor mar a shocraítear le halt 2 d'Airteagal 13 den Bhunreacht seo.

Article 16 *(continued).*

2°   A general election for members of Dáil Éireann shall take place not later than thirty days after a dissolution of Dáil Éireann.

4.   1° Polling at every general election for Dáil Éireann shall as far as practicable take place on the same day throughout the country.

2°   Dáil Éireann shall meet within thirty days from that polling day.

5.   The same Dáil Éireann shall not continue for a longer period than seven years from the date of its first meeting: a shorter period may be fixed by law.

6.   Provision shall be made by law to enable the member of Dáil Éireann who is the Chairman immediately before a dissolution of Dáil Éireann to be deemed without any actual election to be elected a member of Dáil Éireann at the ensuing general election.

7.   Subject to the foregoing provisions of this Article, elections for membership of Dáil Éireann, including the filling of casual vacancies, shall be regulated in accordance with law.

Airteagal 16 *(ar leanúint).*

2° Ní foláir olltoghchán do chomhaltaí do Dháil
Éireann a bheith ann lá nach déanaí ná tríocha lá tar
éis Dáil Éireann a lánscor.

4.   1° An vótáil do gach olltoghchán ar leith do Dháil
Éireann ní foláir í a dhéanamh, sa mhéid gur féidir é,
an t-aon lá amháin ar fud na dúiche uile.

2° Ní foláir do Dháil Éireann teacht le chéile
taobh istigh de thríocha lá ón lá vótála sin.

5.   Ní bheidh de ré ag aon Dáil Éireann ach seacht
mbliana ó lá a céad-tionóil: féadfar ré is giorra ná sin
a shocrú le dlí.

6.   An comhalta de Dháil Éireann a bheas ina
Chathaoirleach díreach roimh lánscor do Dháil
Éireann ní foláir socrú a dhéanamh le dlí chun go
bhféadfar a mheas an comhalta sin a bheith tofa do
Dháil Éireann sa chéad olltoghchán eile, gan é a dhul
faoi thoghadh.

7.   Faoi chuimsiú na bhforálacha sin romhainn den
Airteagal seo is de réir dlí a rialófar toghcháin do
chomhaltas Dháil Éireann, mar aon le líonadh
corrfholúntas.

Article 17.

1.   1° As soon as possible after the presentation to Dáil Éireann under Article 28 of this Constitution of the Estimates of receipts and the Estimates of expenditure of the State for any financial year, Dáil Éireann shall consider such Estimates.

2° Save in so far as may be provided by specific enactment in each case, the legislation required to give effect to the Financial Resolutions of each year shall be enacted within that year.

2.   Dáil Éireann shall not pass any vote or resolution, and no law shall be enacted, for the appropriation of revenue or other public moneys unless the purpose of the appropriation shall have been recommended to Dáil Éireann by a message from the Government signed by the Taoiseach.

Seanad Éireann.

Article 18.

1.   Seanad Éireann shall be composed of sixty members, of whom eleven shall be nominated members and forty-nine shall be elected members.

2.   A person to be eligible for membership of Seanad Éireann must be eligible to become a member of Dáil Éireann.

Airteagal 17.

1. 1° Chomh luath agus is féidir é tar éis na Meastacháin ar fháltas an Stáit agus na Meastacháin ar chaitheamh airgid an Stáit i gcomhair aon bhliana airgeadais a chur faoi bhráid Dháil Éireann faoi Airteagal 28 den Bhunreacht seo, ní foláir do Dháil Éireann na Meastacháin sin a bhreithniú.

   2° An reachtaíocht a bheas riachtanach chun feidhm dlí a thabhairt do Rúin Airgeadais gach bliana ar leith ní foláir í a achtú an bhliain sin féin ach amháin sa mhéid go mbeidh a mhalairt socair i dtaobh gach cás ar leith in achtachán chuige sin.

2. Ní dleathach do Dháil Éireann vóta ná rún a rith, ná ní dleathach aon dlí a achtú, chun leithghabháil a dhéanamh ar státchíos ná ar airgead poiblí ar bith eile, mura mbeidh teachtaireacht ag Dáil Éireann ón Rialtas faoi láimh an Taoisigh ag moladh críche na leithghabhála dóibh.

Seanad Éireann.

Airteagal 18.

1. Seasca comhalta líon Sheanad Éireann, .i. aon duine dhéag a ainmneofar agus naonúr is daichead a thoghfar.

2. Ionas go mbeadh duine inghlactha ar chomhaltas Sheanad Éireann ní foláir é a bheith inghlactha ar chomhaltas Dháil Éireann.

Article 18 *(continued)*.

3.   The nominated members of Seanad Éireann shall be nominated, with their prior consent, by the Taoiseach who is appointed next after the re-assembly of Dáil Éireann following the dissolution thereof which occasions the nomination of the said members.

4.   1° The elected members of Seanad Éireann shall be elected as follows:—

     i.   Three shall be elected by the National University of Ireland.

     ii.   Three shall be elected by the University of Dublin.

     iii. Forty-three shall be elected from panels of candidates constituted as hereinafter provided.

2° Provision may be made by law for the election, on a franchise and in the manner to be provided by law, by one or more of the following institutions, namely:

     i.   the universities mentioned in subsection 1° of this section,

     ii.   any other institutions of higher education in the State,

of so many members of Seanad Éireann as may be fixed by law in substitution for an equal number of the members to be elected pursuant to paragraphs i and ii of the said subsection 1°.

Airteagal 18 *(ar leanúint).*

3.   Na comhaltaí a ainmneofar do Sheanad Éireann
ainmneofar iad le réamhchead uathu féin ag an
Taoiseach a cheapfar ar Dháil Éireann d'ationól i
ndiaidh an lánscoir ar Dháil Éireann is siocair leis na
comhaltaí sin a ainmniú.

4.   1° Na comhaltaí a thoghfar do Sheanad Éireann,
is ar an gcuma seo a leanas a thoghfar iad:—

    i.   Toghfaidh Ollscoil na hÉireann triúr.

    ii.   Toghfaidh Ollscoil Bhaile Átha Cliath triúr.

    iii.   Toghfar triúr is daichead as rollaí d'iarrthóirí
a chóireofar ar an gcuma a shocraítear
anseo inár ndiaidh.

2° Féadfar foráil a dhéanamh le dlí chun go
dtoghfar de réir toghchórais, agus ar an modh, a
shocrófar le dlí, ag ceann amháin nó níos mó de na
forais seo a leanas, eadhon:

    i.   na hOllscoileanna a luaitear i bhfo-alt 1° den
alt seo,

    ii.   aon fhorais eile ardoideachais sa Stát,

an líon sin comhaltaí de Sheanad Éireann a shocrófar
le dlí in ionad líon comhionann de na comhaltaí a
bheas le toghadh de bhun míreanna i agus ii den fho-
alt sin 1°.

Article 18 *(continued).*

A member or members of Seanad Éireann may be elected under this subsection by institutions grouped together or by a single institution.

3° Nothing in this Article shall be invoked to prohibit the dissolution by law of a university mentioned in subsection 1° of this section.

5. Every election of the elected members of Seanad Éireann shall be held on the system of proportional representation by means of the single transferable vote, and by secret postal ballot.

6. The members of Seanad Éireann to be elected by the Universities shall be elected on a franchise and in the manner to be provided by law.

7. 1° Before each general election of the members of Seanad Éireann to be elected from panels of candidates, five panels of candidates shall be formed in the manner provided by law containing respectively the names of persons having knowledge and practical experience of the following interests and services, namely:–

   i.   National Language and Culture, Literature, Art, Education and such professional interests as may be defined by law for the purpose of this panel;

   ii. Agriculture and allied interests, and Fisheries;

   iii. Labour, whether organised or unorganised;

Airteagal 18 *(ar leanúint).*

Féadfar comhalta nó comhaltaí de Sheanad Éireann a thoghadh faoin bhfo-alt seo ag forais a bheas tiomsaithe le chéile nó ag foras aonair.

3° Ní cead aon ní dá bhfuil san Airteagal seo a agairt chun toirmeasc a chur le hOllscoil a luaitear i bhfo-alt 1° den alt seo a lánscor de réir dlí.

5. Gach toghchán dá mbeidh ann do na comhaltaí a thoghfar do Sheanad Éireann is de réir na hionadaíochta cionúire a dhéanfar é agus ar mhodh an aonghutha inaistrithe, le rúnbhallóid phoist.

6. Na comhaltaí a thoghfar do Sheanad Éireann ag na hOllscoileanna is de réir toghchórais, agus ar an modh, a shocrófar le dlí a thoghfar iad.

7. 1° Roimh gach olltoghchán do na comhaltaí do Sheanad Éireann a thoghfar as rollaí d'iarrthóirí cóireofar ar an gcuma a shocrófar le dlí cúig rolla d'iarrthóirí ar a mbeidh ainmneacha daoine ag a mbeidh eolas agus cleachtadh ar na gnóthaí agus na seirbhísí seo a leanas faoi seach:–

   i. An Ghaeilge agus an tSaíocht Náisiúnta, Litríocht, Ealaíonacht, Oideachas agus cibé gairmeacha a léireofar le dlí chun críche an rolla seo;

   ii. Talmhaíocht, maille le gnóthaí a bhaineas léi, agus Iascaireacht;

   iii. Oibreachas, cibé comheagraithe é nó nach ea;

Article 18 *(continued).*

    iv. Industry and Commerce, including banking, finance, accountancy, engineering and architecture;

    v. Public Administration and social services, including voluntary social activities.

  2° Not more than eleven and, subject to the provisions of Article 19 hereof, not less than five members of Seanad Éireann shall be elected from any one panel.

8.   A general election for Seanad Éireann shall take place not later than ninety days after a dissolution of Dáil Éireann, and the first meeting of Seanad Éireann after the general election shall take place on a day to be fixed by the President on the advice of the Taoiseach.

9.   Every member of Seanad Éireann shall, unless he previously dies, resigns, or becomes disqualified, continue to hold office until the day before the polling day of the general election for Seanad Éireann next held after his election or nomination.

10.   1° Subject to the foregoing provisions of this Article elections of the elected members of Seanad Éireann shall be regulated by law.

  2° Casual vacancies in the number of the nominated members of Seanad Éireann shall be filled by nomination by the Taoiseach with the prior consent of persons so nominated.

Airteagal 18 *(ar leanúint).*

iv. Tionscal is Tráchtáil ar a n-áirítear baincéireacht, airgeadas, cuntasaíocht, innealtóireacht agus foirgníocht;

v. Riarachán Poiblí agus seirbhísí comhdhaonnacha, agus obair chomhdhaonnach dheonach a áireamh.

2° Ní cead níos mó ná aon duine dhéag ná, faoi chuimsiú forálacha Airteagail 19 den Bhunreacht seo, níos lú ná cúigear de chomhaltaí Sheanad Éireann a thoghadh as aon rolla áirithe.

8. Ní foláir olltoghchán do Sheanad Éireann a bheith ann lá nach déanaí ná nócha lá d'éis lánscor do Dháil Éireann, agus ní foláir do Sheanad Éireann teacht le chéile ar chéad-tionól tar éis an olltoghcháin lá a chinnfidh an tUachtarán chuige ar chomhairle an Taoisigh.

9. Leanfaidh gach comhalta de Sheanad Éireann dá oifig, mura n-éaga nó mura n-éirí as oifig nó mura ndícháilítear é, go dtí an lá roimh lá na vótála don olltoghchán is túisce a bheas ann do Sheanad Éireann d'éis é a thoghadh nó é a ainmniú.

10. 1° Faoi chuimsiú na bhforálacha sin romhainn den Airteagal seo, is de réir dlí a rialófar gach toghchán do na comhaltaí a thoghfar do Sheanad Éireann.

2° Is le hainmniú ón Taoiseach a líonfar corrfholúntais i líon na gcomhaltaí a ainmnítear do Sheanad Éireann, le réamhchead na ndaoine a ainmneofar.

Article 18 *(continued).*

3° Casual vacancies in the number of the elected members of Seanad Éireann shall be filled in the manner provided by law.

Article 19.

Provision may be made by law for the direct election by any functional or vocational group or association or council of so many members of Seanad Éireann as may be fixed by such law in substitution for an equal number of the members to be elected from the corresponding panels of candidates constituted under Article 18 of this Constitution.

Legislation.

Article 20.

1. Every Bill initiated in and passed by Dáil Éireann shall be sent to Seanad Éireann and may, unless it be a Money Bill, be amended in Seanad Éireann and Dáil Éireann shall consider any such amendment.

2. 1° A Bill other than a Money Bill may be initiated in Seanad Éireann, and if passed by Seanad Éireann, shall be introduced in Dáil Éireann.

   2° A Bill initiated in Seanad Éireann if amended in Dáil Éireann shall be considered as a Bill initiated in Dáil Éireann.

3. A Bill passed by either House and accepted by the other House shall be deemed to have been passed by both Houses.

Airteagal 18 *(ar leanúint).*

3° Is ar an gcuma a shocraítear le dlí a líonfar corrfholúntais i líon na gcomhaltaí a thoghtar do Sheanad Éireann.

Airteagal 19.

Féadfar socrú a dhéanamh le dlí ionas go bhféadfadh aon dream feidhme nó gairme beatha, nó aon chomhlacht nó comhairle feidhme nó gairme beatha, an oiread comhaltaí do Sheanad Éireann a thoghadh go lomdíreach agus a chinnfear leis an dlí sin, in ionad an oiread chéanna de na comhaltaí a thoghfar as na comhrollaí d'iarrthóirí a chóireofar faoi Airteagal 18 den Bhunreacht seo.

Reachtaíocht.

Airteagal 20.

1. Ní foláir gach Bille a thionscnaítear i nDáil Éireann agus a ritear ag Dáil Éireann a chur go Seanad Éireann agus, mura Bille Airgid é, tig le Seanad Éireann é a leasú, agus ní foláir do Dháil Éireann aon leasú den sórt sin a bhreithniú.

2. 1° Is dleathach Bille nach Bille Airgid é a thionscnamh i Seanad Éireann, agus má ritheann Seanad Éireann é ní foláir é a thabhairt isteach i nDáil Éireann.

   2° Má thionscnaítear Bille i Seanad Éireann agus go leasaíonn Dáil Éireann é, ní foláir a mheas é a bheith ina Bhille a tionscnaíodh i nDáil Éireann.

3. Bille a ritear ag ceachtar den dá Theach agus lena nglacann an Teach eile ní foláir a mheas gur ritheadh é ag an dá Theach.

Money Bills.

Article 21.

1.   1°   Money Bills shall be initiated in Dáil Éireann only.

    2°   Every Money Bill passed by Dáil Éireann shall be sent to Seanad Éireann for its recommendations.

2.   1°   Every Money Bill sent to Seanad Éireann for its recommendations shall, at the expiration of a period not longer than twenty-one days after it shall have been sent to Seanad Éireann, be returned to Dáil Éireann, which may accept or reject all or any of the recommendations of Seanad Éireann.

    2°   If such Money Bill is not returned by Seanad Éireann to Dáil Éireann within such twenty-one days or is returned within such twenty-one days with recommendations which Dáil Éireann does not accept, it shall be deemed to have been passed by both Houses at the expiration of the said twenty-one days.

Article 22.

1.   1°   A Money Bill means a Bill which contains only provisions dealing with all or any of the following matters, namely, the imposition, repeal, remission, alteration or regulation of taxation; the imposition for the payment of debt or other financial purposes of charges on public moneys or the variation or repeal of any such charges; supply; the appropriation, receipt, custody, issue or audit of

Billí Airgid.

Airteagal 21.

1.   1° Is i nDáil Éireann amháin is cead Billí Airgid a thionscnamh.

   2° Ní foláir gach Bille Airgid a ritear ag Dáil Éireann a chur go Seanad Éireann d'iarraidh a moltaí ina thaobh.

2.   1° Gach Bille Airgid a chuirtear go Seanad Éireann d'iarraidh a moltaí ina thaobh, ní foláir é a chur ar ais go Dáil Éireann i gceann tréimhse nach sia ná lá agus fiche tar éis an Bille a chur go Seanad Éireann, agus tig le Dáil Éireann iomlán na moltaí ó Sheanad Éireann nó aon chuid díobh a ghlacadh nó a dhiúltú.

   2° Mura gcuirtear an Bille Airgid sin ar ais ó Sheanad Éireann go Dáil Éireann taobh istigh den lá agus fiche sin, nó má chuirtear ar ais é taobh istigh den lá agus fiche sin mar aon le moltaí nach nglacann Dáil Éireann leo, ní foláir a mheas gur rith an dá Theach i gceann an lae agus fiche sin é.

Airteagal 22.

1.   1° Is é is ciall do Bhille Airgid Bille nach mbíonn ann ach forálacha le haghaidh iomlán na n-ábhar seo a leanas nó aon chuid acu .i. cánachas a ghearradh, a aisghairm, a loghadh, a athrú nó a rialú; muirir a leagan ar airgidí poiblí chun fiacha a íoc nó chun cuspóirí eile airgeadais, nó a leithéidí sin de mhuirir a athrú nó a aisghairm; soláthar; airgead poiblí a leithghabháil, a ghlacadh, a choinneáil nó a eisiúint,

Article 22 *(continued).*

accounts of public money; the raising or guarantee of any loan or the repayment thereof; matters subordinate and incidental to these matters or any of them.

2° In this definition the expressions "taxation", "public money" and "loan" respectively do not include any taxation, money or loan raised by local authorities or bodies for local purposes.

2.   1° The Chairman of Dáil Éireann shall certify any Bill which, in his opinion, is a Money Bill to be a Money Bill, and his certificate shall, subject to the subsequent provisions of this section, be final and conclusive.

2° Seanad Éireann, by a resolution, passed at a sitting at which not less than thirty members are present, may request the President to refer the question whether the Bill is or is not a Money Bill to a Committee of Privileges.

3° If the President after consultation with the Council of State decides to accede to the request he shall appoint a Committee of Privileges consisting of an equal number of members of Dáil Éireann and of Seanad Éireann and a Chairman who shall be a Judge of the Supreme Court: these appointments shall be made after consultation with the Council of State. In the case of an equality of votes but not otherwise the Chairman shall be entitled to vote.

Airteagal 22 *(ar leanúint).*

nó cuntais air a iniúchadh; aon iasacht a chruinniú nó a ráthú nó a aisíoc; fo-ábhair a bhfuil baint acu leis na nithe sin nó le haon chuid acu.

2° Sa mhíniú sin ní áirítear faoi na focail "cánachas", "airgead poiblí" agus "iasacht", faoi seach, aon chánachas, airgead ná iasacht a chruinníd údaráis nó comhlachtaí áitiúla chun críocha áitiúla.

2. 1° Más é tuairim Chathaoirleach Dháil Éireann gur Bille Airgid aon Bhille faoi leith ní foláir dó a dheimhniú gur Bille Airgid é agus, faoi chuimsiú na bhforálacha inár ndiaidh den alt seo, ní bheidh dul thar an deimhniú sin.

2° Tig le Seanad Éireann rún a rith i dtionól nach mbeidh níos lú ná tríocha comhalta i láthair ann, á iarraidh ar an Uachtarán ceist a chur faoi bhráid Choiste Pribhléidí féachaint cé acu Bille Airgid an Bille nó nach ea.

3° Má aontaíonn an tUachtarán leis an achainí tar éis comhairle a ghlacadh leis an gComhairle Stáit, ní foláir dó Coiste Pribhléidí a cheapadh. An líon céanna de chomhaltaí de Dháil Éireann agus de Sheanad Éireann a bheas ar an gCoiste sin, agus breitheamh den Chúirt Uachtarach ina Chathaoirleach orthu. Is tar éis comhairle a ghlacadh leis an gComhairle Stáit a dhéanfar na ceapacháin sin. Más ionann an líon vótaí ar an dá thaobh beidh vóta ag an gCathaoirleach, ach murab ionann ní bheidh.

Article 22 *(continued).*

4° The President shall refer the question to the Committee of Privileges so appointed and the Committee shall report its decision thereon to the President within twenty-one days after the day on which the Bill was sent to Seanad Éireann.

5° The decision of the Committee shall be final and conclusive.

6° If the President after consultation with the Council of State decides not to accede to the request of Seanad Éireann, or if the Committee of Privileges fails to report within the time hereinbefore specified the certificate of the Chairman of Dáil Éireann shall stand confirmed.

Time for Consideration of Bills.

Article 23.

1.   This Article applies to every Bill passed by Dáil Éireann and sent to Seanad Éireann other than a Money Bill or a Bill the time for the consideration of which by Seanad Éireann shall have been abridged under Article 24 of this Constitution.

1° Whenever a Bill to which this Article applies is within the stated period defined in the next following sub-section either rejected by Seanad Éireann or

Airteagal 22 *(ar leanúint).*

4° Ní foláir don Uachtarán an cheist a chur faoi
bhráid an Choiste Pribhléidí a cheapfar mar sin,
agus ní foláir don Choiste a mbreith ar an gceist
a chur chun an Uachtaráin taobh istigh de lá agus
fiche d'éis an lae a cuireadh an Bille go Seanad
Éireann.

5° Ní bheidh dul thar breith an Choiste.

6° Má dhiúltaíonn an tUachtarán d'achainí
Sheanad Éireann tar éis comhairle a ghlacadh leis an
gComhairle Stáit, nó mura gcuire an Coiste Pribhléidí
a mbreith in iúl taobh istigh den tréimhse a luaitear
anseo romhainn, seasfaidh deimhniú Chathaoirleach
Dháil Éireann.

Tréimhse chun Billí a Bhreithniú.

Airteagal 23.

1.   Baineann an tAirteagal seo le gach Bille a ritheann
Dáil Éireann agus a sheoltar go Seanad Éireann, ach
amháin Bille Airgid nó Bille a ndearnadh an tréimhse
chun a bhreithnithe ag Seanad Éireann a ghiorrú faoi
Airteagal 24 den Bhunreacht seo.

1° Má tharlaíonn, taobh istigh den tréimhse áirithe
a luaitear sa chéad fho-alt eile, go ndiúltaíonn Seanad
Éireann d'aon Bhille lena mbaineann an

Article 23 *(continued).*

passed by Seanad Éireann with amendments to which Dáil Éireann does not agree or is neither passed (with or without amendment) nor rejected by Seanad Éirean within the stated period, the Bill shall, if Dáil Éireann so resolves within one hundred and eighty days after the expiration of the stated period be deemed to have been passed by both Houses of the Oireachtas on the day on which the resolution is passed.

2° The stated period is the period of ninety days commencing on the day on which the Bill is first sent by Dáil Éireann to Seanad Éireann or any longer period agreed upon in respect of the Bill by both Houses of the Oireachtas.

2. 1° The preceding section of this Article shall apply to a Bill which is initiated in and passed by Seanad Éireann, amended by Dáil Éireann, and accordingly deemed to have been initiated in Dáil Éireann.

2° For the purpose of this application the stated period shall in relation to such a Bill commence on the day on which the Bill is first sent to Seanad Éireann after having been amended by Dáil Éireann.

Airteagal 23 *(ar leanúint).*

tAirteagal seo, nó go ritheann Seanad Éireann an
Bille agus leasuithe air a ndiúltaíonn Dáil Éireann
dóibh, nó mura ndéanann Seanad Éireann an Bille a
rith (cibé acu leasaithe é nó gan leasú) nó diúltú dó
taobh istigh den tréimhse áirithe, ansin má ritheann
Dáil Éireann rún chuige sin taobh istigh de naoi
bhfichid lá tar éis an tréimhse áirithe a bheith caite, ní
foláir a mheas gur ritheadh an Bille sin ag dhá
Theach an Oireachtais an lá a ritheadh an rún.

2° Nócha lá, nó aon tréimhse is sia ná sin a réitíd
dhá Theach an Oireachtais le chéile maidir leis an
mBille, an tréimhse áirithe, agus is é an lá a sheoltar
an Bille ar dtús ó Dháil Éireann go Seanad Éireann
tosach na tréimhse.

2.   1° Baineann an t-alt sin romhainn den Airteagal
seo le gach Bille a thionscnaítear i Seanad Éireann
agus a ritear ag Seanad Éireann, agus a leasaítear ag
Dáil Éireann, agus go meastar dá bhíthin sin gur i
nDáil Éireann a tionscnaíodh é.

2° Chuige sin is é an lá a sheoltar an Bille go
Seanad Éireann den chéad uair tar éis é a leasú ag
Dáil Éireann a thosaíos an tréimhse áirithe i gcomhair
an Bhille sin.

Article 24.

1.   If and whenever on the passage by Dáil Éireann of any Bill, other than a Bill expressed to be a Bill containing a proposal to amend the Constitution, the Taoiseach certifies by messages in writing addressed to the President and to the Chairman of each House of the Oireachtas that, in the opinion of the Government, the Bill is urgent and immediately necessary for the preservation of the public peace and security, or by reason of the existence of a public emergency, whether domestic or international, the time for the consideration of such Bill by Seanad Éireann shall, if Dáil Éireann so resolves and if the President, after consultation with the Council of State, concurs, be abridged to such period as shall be specified in the resolution.

2.   Where a Bill, the time for the consideration of which by Seanad Éireann has been abridged under this Article,

        (a) is, in the case of a Bill which is not a Money Bill, rejected by Seanad Éireann or passed by Seanad Éireann with amendments to which Dáil Éireann does not agree or neither passed nor rejected by Seanad Éireann, or

Airteagal 24.

1.   Má ritheann Dáil Éireann Bille, seachas Bille a
luaitear a bheith ina Bhille a bhfuil togra ann chun an
Bunreacht a leasú, agus go seolann an Taoiseach
teachtaireachtaí scríofa chun an Uachtaráin agus chun
Cathaoirleach gach Tí den Oireachtas, á dheimhniú
dóibh gurb é tuairim an Rialtais go bhfuil práinn agus
riachtanas leis an mBille sin láithreach chun síocháin
agus slándáil an phobail a chosaint, nó go bhfuil
práinn agus riachtanas leis láithreach toisc éigeandáil
phoiblí inmheánach nó idirnáisiúnta a bheith ann,
ansin má bheartaíonn Dáil Éireann amhlaidh le rún,
agus go n-aontaíonn an tUachtarán leis an rún, tar éis
comhairle a ghlacadh leis an gComhairle Stáit, ní
foláir an tréimhse a fhágfar an Bille sin faoi
bhreithniú Sheanad Éireann a ghiorrú agus a chur
faoin teorainn a luaitear sa rún.

2.   Bille ar bith a ndearnadh an tréimhse chun a
bhreithnithe ag Seanad Éireann a ghiorrú faoin
Airteagal seo, má tharlaíonn,

(a) i gcás Bille nach Bille Airgid, go ndiúltaíonn
      Seanad Éireann dó nó go ritheann Seanad
      Éireann é maille le leasuithe dá ndiúltaíonn
      Dáil Éireann nó nach ndéanann Seanad
      Éireann é a rith ná diúltú dó, nó,

Article 24 *(continued).*

    (b) is, in the case of a Money Bill, either returned by Seanad Éireann to Dáil Éireann with recommendations which Dáil Éireann does not accept or is not returned by Seanad Éireann to Dáil Éireann,

within the period specified in the resolution, the Bill shall be deemed to have been passed by both Houses of the Oireachtas at the expiration of that period.

3.   When a Bill the time for the consideration of which by Seanad Éireann has been abridged under this Article becomes law it shall remain in force for a period of ninety days from the date of its enactment and no longer unless, before the expiration of that period, both Houses shall have agreed that such law shall remain in force for a longer period and the longer period so agreed upon shall have been specified in resolutions passed by both Houses.

Signing and Promulgation of Laws.

Article 25.

1.   As soon as any Bill, other than a Bill expressed to be a Bill containing a proposal for the amendment of this Constitution, shall have been passed or deemed to have been passed by both Houses of the Oireachtas, the Taoiseach shall present it to the President for his signature and for promulgation by him as a law in accordance with the provisions of this Article.

Airteagal 24 *(ar leanúint).*

    (b) i gcás Bille Airgid, go gcuireann Seanad Éireann ar ais go Dáil Éireann é maille le moltaí nach nglacann Dáil Éireann leo nó nach ndéanann Seanad Éireann é a chur ar ais go Dáil Éireann,

taobh istigh den tréimhse a luaitear sa rún, ní foláir a mheas gur ritheadh an Bille ag dhá Theach an Oireachtais i gceann na tréimhse sin.

3.   Ar dhéanamh dlí de Bhille a ndearnadh an tréimhse chun a bhreithnithe ag Seanad Éireann a ghiorrú faoin Airteagal seo, beidh sé i bhfeidhm ar feadh tréimhse nócha lá ó dháta a achtaithe, ach sin a mbeidh, mura n-aontaíd dhá Theach an Oireachtais roimh dheireadh na tréimhse sin an dlí sin a fhanacht i bhfeidhm ar feadh tréimhse is sia ná sin, agus go luaitear i rúin ón dá Theach an tréimhse a aontaítear amhlaidh.

Dlíthe a Shíniú agus a Fhógairt.

Airteagal 25.

1.   Chomh luath agus a ritear Bille, seachas Bille a luaitear a bheith ina Bhille a bhfuil togra ann chun an Bunreacht seo a leasú, nó a mheastar é a bheith rite ag dhá Theach an Oireachtais, ní foláir don Taoiseach an Bille sin a thairiscint don Uachtarán chun a lámh a chur leis agus chun é a fhógairt ina dhlí de réir forálacha an Airteagail seo.

Article 25 *(continued).*

2.　　1° Save as otherwise provided by this Constitution, every Bill so presented to the President for his signature and for promulgation by him as a law shall be signed by the President not earlier than the fifth and not later than the seventh day after the date on which the Bill shall have been presented to him.

　　2° At the request of the Government, with the prior concurrence of Seanad Éireann, the President may sign any Bill the subject of such request on a date which is earlier than the fifth day after such date as aforesaid.

3.　　Every Bill the time for the consideration of which by Seanad Éireann shall have been abridged under Article 24 of this Constitution shall be signed by the President on the day on which such Bill is presented to him for signature and promulgation as a law.

4.　　1° Every Bill shall become and be law as on and from the day on which it is signed by the President under this Constitution, and shall, unless the contrary intention appears, come into operation on that day.

　　2° Every Bill signed by the President under this Constitution shall be promulgated by him as a law by the publication by his direction of a notice in the Iris Oifigiúil stating that the Bill has become law.

Airteagal 25 *(ar leanúint).*

2.   1° Taobh amuigh de chás dá socraítear a mhalairt leis an mBunreacht seo, gach Bille a thairgtear don Uachtarán mar sin chun a lámh a chur leis agus chun é a fhógairt ina dhlí, ní foláir dó a lámh a chur leis lá nach luaithe ná an cúigiú lá agus nach déanaí ná an seachtú lá tar éis an lae a thairgtear an Bille dó.

       2° Ar achainí an Rialtais, le comhthoil Sheanad Éireann roimh ré, tig leis an Uachtarán a lámh a chur le haon Bhille is siocair don achainí sin níos luaithe ná an cúigiú lá tar éis an dáta réamhráite.

3.   Gach Bille a ndearnadh an tréimhse chun a bhreithnithe ag Seanad Éireann a ghiorrú faoi Airteagal 24 den Bhunreacht seo, ní foláir don Uachtarán a lámh a chur leis an lá a thairgtear an Bille sin dó chun é a shíniú agus chun é a fhógairt ina dhlí.

4.   1° Déanann dlí de gach Bille an lá a chuireann an tUachtarán a lámh leis faoin mBunreacht seo agus is dlí é an lá sin agus ón lá sin amach agus, mura léir a mhalairt d'intinn ina thaobh, is é an lá sin a thagann sé i ngníomh.

       2° Gach Bille a gcuireann an tUachtarán a lámh leis faoin mBunreacht seo ní foláir dó é a fhógairt ina dhlí le fógra san Iris Oifigiúil, faoi ordú uaidh, á rá go bhfuil an Bille ina dhlí.

Article 25 *(continued).*

   3° Every Bill shall be signed by the President in the text in which it was passed or deemed to have been passed by both Houses of the Oireachtas, and if a Bill is so passed or deemed to have been passed in both the official languages, the President shall sign the text of the Bill in each of those languages.

   4° Where the President signs the text of a Bill in one only of the official languages, an official translation shall be issued in the other official language.

   5° As soon as may be after the signature and promulgation of a Bill as a law, the text of such law which was signed by the President or, where the President has signed the text of such law in each of the official languages, both the signed texts shall be enrolled for record in the office of the Registrar of the Supreme Court, and the text, or both the texts, so enrolled shall be conclusive evidence of the provisions of such law.

   6° In case of conflict between the texts of a law enrolled under this section in both the official languages, the text in the national language shall prevail.

Airteagal 25 *(ar leanúint).*

3° Is é téacs de Bhille a gcuirfidh an tUachtarán a lámh leis ná an téacs a ritheadh nó a mheastar a ritheadh ag dhá Theach an Oireachtais agus, má ritear Bille nó má mheastar é a bheith rite amhlaidh sa dá theanga oifigiúla, cuirfidh an tUachtarán a lámh le téacs Gaeilge agus le téacs Sacs-Bhéarla an Bhille.

4° I gcás an tUachtarán do chur a láimhe le téacs Bille i dteanga de na teangacha oifigiúla agus sa teanga sin amháin, ní foláir tiontú oifigiúil a chur amach sa teanga oifigiúil eile.

5° Chomh luath agus is féidir é tar éis Bille a shíniú agus é a fhógairt ina dhlí, ní foláir an téacs den dlí sin lena mbeidh lámh an Uachtaráin nó, i gcás lámh an Uachtaráin a bheith le téacs Gaeilge agus le téacs Sacs-Bhéarla an dlí sin, an dá théacs sínithe sin a chur isteach ina iris nó ina n-iris in oifig Iriseoir na Cúirte Uachtaraí, agus is fianaise dhochloíte ar fhorálacha an dlí sin an téacs a chuirfear isteach ina iris, nó an dá théacs a chuirfear isteach ina n-iris, amhlaidh.

6° I gcás téacs Gaeilge agus téacs Sacs-Bhéarla de dhlí a chur isteach ina n-iris faoin alt seo agus gan an dá théacs sin a bheith de réir a chéile, is ag an téacs Gaeilge a bheidh an forlámhas.

Article 25 *(continued).*

5.   1° It shall be lawful for the Taoiseach, from time to time as occasion appears to him to require, to cause to be prepared under his supervision a text (in both the official languages) of this Constitution as then in force embodying all amendments theretofore made therein.

2° A copy of every text so prepared, when authenticated by the signatures of the Taoiseach and the Chief Justice, shall be signed by the President and shall be enrolled for record in the office of the Registrar of the Supreme Court.

3° The copy so signed and enrolled which is for the time being the latest text so prepared shall, upon such enrolment, be conclusive evidence of this Constitution as at the date of such enrolment and shall for that purpose supersede all texts of this Constitution of which copies were previously so enrolled.

4° In case of conflict between the texts of any copy of this Constitution enrolled under this section, the text in the national language shall prevail.

Airteagal 25 *(ar leanúint).*

5. 1° Is dleathach don Taoiseach a thabhairt, ó am go ham faoi mar a chífear dó gá a bheith leis, go ndéanfar téacs (sa Ghaeilge agus sa Sacs-Bhéarla) den Bhunreacht seo, mar a bheidh i bhfeidhm an tráth sin agus ina mbeidh na leasuithe uile a bheidh déanta air go dtí sin, a ullmhú faoina threorú.

2° Gach téacs a ullmhófar amhlaidh ní foláir don Uachtarán a lámh a chur le cóip de ar bheith fíoraithe di le sínithe an Taoisigh agus an Phríomh-Bhreithimh, agus ní foláir an chóip sin a chur isteach ina hiris in oifig Iriseoir na Cúirte Uachtaraí.

3° An chóip a bheidh sínithe agus curtha isteach ina hiris amhlaidh agus arb í an téacs is deireanaí, arna ullmhú amhlaidh, in alt na huaire í, beidh sí, ar bheith curtha isteach ina hiris di amhlaidh, ina fianaise dhochloíte ar an mBunreacht seo mar a bheidh ar dháta an chóip sin a chur isteach ina hiris amhlaidh agus, chuige sin, gabhfaidh sí ionad na dtéacsanna uile den Bhunreacht seo a mbeidh cóipeanna díobh curtha isteach ina n-iris amhlaidh roimhe sin.

4° I gcás gan na téacsanna d'aon chóip áirithe den Bhunreacht seo a bheidh curtha isteach ina hiris faoin alt seo a bheith de réir a chéile, is ag an téacs Gaeilge a bheidh an forlámhas.

Reference of Bills to the Supreme Court.

Article 26.

This Article applies to any Bill passed or deemed to have been passed by both Houses of the Oireachtas other than a Money Bill, or a Bill expressed to be a Bill containing a proposal to amend the Constitution, or a Bill the time for the consideration of which by Seanad Éireann shall have been abridged under Article 24 of this Constitution.

1.   1° The President may, after consultation with the Council of State, refer any Bill to which this Article applies to the Supreme Court for a decision on the question as to whether such Bill or any specified provision or provisions of such Bill is or are repugnant to this Constitution or to any provision thereof.

2° Every such reference shall be made not later than the seventh day after the date on which such Bill shall have been presented by the Taoiseach to the President for his signature.

3° The President shall not sign any Bill the subject of a reference to the Supreme Court under this Article pending the pronouncement of the decision of the Court.

Billí a chur faoi bhreith na Cúirte Uachtaraí.

Airteagal 26.

Baineann an tAirteagal seo le gach Bille a ritear nó a mheastar a ritheadh ag dhá Theach an Oireachtais, ach amháin Bille Airgid, nó Bille a luaitear a bheith ina Bhille a bhfuil togra ann chun an Bunreacht a leasú, nó Bille a ndearnadh an tréimhse chun a bhreithnithe ag Seanad Éireann a ghiorrú faoi Airteagal 24 den Bhunreacht seo.

1. 1° Is cead don Uachtarán, tar éis comhairle a ghlacadh leis an gComhairle Stáit, aon Bhille lena mbaineann an tAirteagal seo a chur faoi bhreith na Cúirte Uachtaraí féachaint an bhfuil an Bille sin nó aon fhoráil nó aon fhorálacha áirithe de in aghaidh an Bhunreachta seo nó in aghaidh aon fhorála de.

   2° I ngach cás den sórt sin ní foláir an Bille a chur faoi bhreith na Cúirte lá nach déanaí ná an seachtú lá tar éis an dáta a thairgeann an Taoiseach an Bille don Uachtarán chun a lámh a chur leis.

   3° Bille ar bith a chuirtear faoi bhreith na Cúirte Uachtaraí faoin Airteagal seo, ní cead don Uachtarán a lámh a chur leis go dtí go dtugann an Chúirt a breith.

Article 26 *(continued).*

2.   1° The Supreme Court consisting of not less than five judges shall consider every question referred to it by the President under this Article for a decision, and, having heard arguments by or on behalf of the Attorney General and by counsel assigned by the Court, shall pronounce its decision on such question in open court as soon as may be, and in any case not later than sixty days after the date of such reference.

2° The decision of the majority of the judges of the Supreme Court shall, for the purposes of this Article, be the decision of the Court and shall be pronounced by such one of those judges as the Court shall direct, and no other opinion, whether assenting or dissenting, shall be pronounced nor shall the existence of any such other opinion be disclosed.

3.   1° In every case in which the Supreme Court decides that any provision of a Bill the subject of a reference to the Supreme Court under this Article is repugnant to this Constitution or to any provision thereof, the President shall decline to sign such Bill.

2° If, in the case of a Bill to which Article 27 of this Constitution applies, a petition has been addressed to the President under that Article, that Article shall be complied with.

Airteagal 26 *(ar leanúint).*

2.   1° Ní foláir don Chúirt Uachtarach, cúirt ina
mbeidh cúigear breitheamh ar a laghad, gach ceist dá
gcuireann an tUachtarán faoina breith faoin Airteagal
seo a bhreithniú agus, tar éis éisteacht le hargóintí ón
Ard-Aighne nó thar a cheann agus ó abhcóidí a
thoghfar ag an gCúirt, ní foláir di a breith ar an gceist
sin a thabhairt sa chúirt go poiblí chomh luath agus is
féidir é agus, ar aon chuma, lá nach déanaí ná seasca
lá tar éis an cheist a chur faoina breith.

2° An bhreith a bheireann an tromlach de
bhreithiúna na Cúirte Uachtaraí, sin í breith na Cúirte
chun críocha an Airteagail seo agus is é a chraolfas
an bhreith sin ná an duine sin de na breithiúna sin a
cheapfaidh an Chúirt chuige sin, agus ní cead tuairim
ar bith eile, ag aontú nó ag easaontú leis an mbreith
sin, a chraoladh ná ní cead a nochtadh tuairim ar bith
eile den sórt sin a bheith ann.

3.   1° I gcás aon Bhille a chuirtear faoi bhreith na
Cúirte Uachtaraí faoin Airteagal seo, más é breith na
Cúirte go bhfuil aon fhoráil de in aghaidh an
Bhunreachta seo nó in aghaidh aon fhorála de, ní
foláir don Uachtarán diúltú dá lámh a chur leis an
mBille sin.

2° I gcás achainí a bheith curtha chun an
Uachtaráin faoi Airteagal 27 den Bhunreacht seo i
dtaobh Bille lena mbaineann an tAirteagal sin, ní
foláir an tAirteagal sin a chomhlíonadh.

Article 26 *(continued).*

3° In every other case the President shall sign the Bill as soon as may be after the date on which the decision of the Supreme Court shall have been pronounced.

Reference of Bills to the People.

Article 27.

This Article applies to any Bill, other than a Bill expressed to be a Bill containing a proposal for the amendment of this Constitution, which shall have been deemed, by virtue of Article 23 hereof, to have been passed by both Houses of the Oireachtas.

1. A majority of the members of Seanad Éireann and not less than one-third of the members of Dáil Éireann may by a joint petition addressed to the President by them under this Article request the President to decline to sign and promulgate as a law any Bill to which this article applies on the ground that the Bill contains a proposal of such national importance that the will of the people thereon ought to be ascertained.

2. Every such petition shall be in writing and shall be signed by the petitioners whose signatures shall be verified in the manner prescribed by law.

Airteagal 26 *(ar leanúint).*

3° I ngach cás eile ní foláir don Uachtarán a lámh a chur leis an mBille chomh luath agus is féidir é tar éis an lae a bheireann an Chúirt Uachtarach a breith.

Billí a chur faoi bhreith an Phobail.

Airteagal 27.

Baineann an tAirteagal seo le gach Bille, seachas Bille a luaitear a bheith ina Bhille a bhfuil togra ann chun an Bunreacht seo a leasú, a mheastar, de bhua Airteagal 23 den Bhunreacht seo, a ritheadh ag dhá Theach an Oireachtais.

1. Is cead do thromlach de chomhaltaí Sheanad Éireann, i bhfochair trian ar a laghad de chomhaltaí Dháil Éireann, comhachainí a chur chun an Uachtaráin faoin Airteagal seo, á iarraidh air diúltú dá lámh a chur le haon Bhille lena mbaineann an tAirteagal seo agus don Bhille sin a fhógairt ina dhlí, toisc togra a bheith ann ina bhfuil an oiread sin tábhacht náisiúnta gur chóir breith an phobail a fháil air.

2. Ní foláir gach achainí den sórt sin a bheith i scríbhinn agus í a bheith faoi láimh an lucht achainí agus ní foláir a sínithe sin a bheith fíoraithe ar an modh a ordaítear le dlí.

Article 27 *(continued).*

3.   Every such petition shall contain a statement of the particular ground or grounds on which the request is based, and shall be presented to the President not later than four days after the date on which the Bill shall have been deemed to have been passed by both Houses of the Oireachtas.

4.   1° Upon receipt of a petition addressed to him under this Article, the President shall forthwith consider such petition and shall, after consultation with the Council of State, pronounce his decision thereon not later than ten days after the date on which the Bill to which such petition relates shall have been deemed to have been passed by both Houses of the Oireachtas.

      2° If the Bill or any provision thereof is or has been referred to the Supreme Court under Article 26 of this Constitution, it shall not be obligatory on the President to consider the petition unless or until the Supreme Court has pronounced a decision on such reference to the effect that the said Bill or the said provision thereof is not repugnant to this Constitution or to any provision thereof, and, if a decision to that effect is pronounced by the Supreme Court, it shall not be obligatory on the President to pronounce his decision on the petition before the expiration of six days after the day on which the decision of the Supreme Court to the effect aforesaid is pronounced.

Airteagal 27 *(ar leanúint).*

3.   Ní foláir léirthuairisc a bheith i ngach achainí den sórt sin ar an ábhar nó ar na hábhair áirithe ar a bhfuil sí bunaithe, agus í a thairiscint don Uachtarán lá nach déanaí ná ceithre lá tar éis an dáta a meastar a ritheadh an Bille ag dhá Theach an Oireachtais.

4.   1° Chomh luath agus a gheibheann an tUachtarán achainí faoin Airteagal seo ní foláir dó í a bhreithniú agus, tar éis comhairle a ghlacadh leis an gComhairle Stáit, a bhreith a thabhairt uirthi lá nach déanaí ná deich lá tar éis an lae a meastar a ritheadh, ag dhá Theach an Oireachtais, an Bille sin lena mbaineann an achainí.

2° I gcás an Bille nó aon fhoráil de a chur faoi bhreith na Cúirte Uachtaraí faoi Airteagal 26 den Bhunreacht seo ní bheidh ar an Uachtarán an achainí a bhreithniú mura ndéana ná go dtí go ndéanfaidh an Chúirt Uachtarach, de dhroim an churtha faoi bhreith sin, breith a chraoladh á dhearbhú gan an Bille sin nó an fhoráil sin de a bheith in aghaidh an Bhunreachta seo ná in aghaidh aon fhorála de agus, i gcás an Chúirt Uachtarach do chraoladh breithe á dhearbhú sin, ní bheidh ar an Uachtarán a bhreith ar an achainí a chraoladh go ceann sé lá tar éis an lae a chraolfar breith na Cúirte Uachtaraí ag dearbhú mar a dúradh.

Article 27 *(continued).*

5. 1° In every case in which the President decides that a Bill the subject of a petition under this Article contains a proposal of such national importance that the will of the people thereon ought to be ascertained, he shall inform the Taoiseach and the Chairman of each House of the Oireachtas accordingly in writing under his hand and Seal and shall decline to sign and promulgate such Bill as a law unless and until the proposal shall have been approved either

    i. by the people at a Referendum in accordance with the provisions of section 2 of Article 47 of this Constitution within a period of eighteen months from the date of the President's decision, or

    ii. by a resolution of Dáil Éireann passed within the said period after a dissolution and re-assembly of Dáil Éireann.

    2° Whenever a proposal contained in a Bill the subject of a petition under this Article shall have been approved either by the people or by a resolution of Dáil Éireann in accordance with the foregoing provisions of this section, such Bill shall as soon as may be after such approval be presented to the President for his signature and promulgation by him as a law and the President shall thereupon sign the Bill and duly promulgate it as a law.

Airteagal 27 *(ar leanúint).*

5.   1° I gcás gach Bille is siocair d'achainí faoin
Airteagal seo, más é breith an Uachtaráin go bhfuil
togra ann ina bhfuil an oiread sin tábhacht náisiúnta
gur chóir breith an phobail a fháil air, ní folair dó
scríbhinn faoina láimh agus faoina Shéala a chur go
dtí an Taoiseach agus go dtí Cathaoirleach gach Tí
den Oireachtas á chur sin in iúl dóibh, agus diúltú dá
lámh a chur leis an mBille sin agus dá fhógairt ina
dhlí mura nglactar, agus go dtí go nglactar, an togra

    i.   le toil an phobail i Reifreann de réir forálacha
       alt 2 d'Airteagal 47 den Bhunreacht seo,
       taobh istigh d'ocht mí dhéag ón lá a
       bheireann an tUachtarán a bhreith, nó

    ii. le rún ó Dháil Éireann arna rith taobh istigh
       den tréimhse réamhráite i ndiaidh lánscor
       agus ationól do Dháil Éireann.

    2° Cibé uair a dhéantar togra a bhíonn i mBille is
siocair d'achainí faoin Airteagal seo a ghlacadh le toil
an phobail nó le rún ó Dháil Éireann de réir na
bhforálacha sin romhainn den alt seo, ní folair an
Bille sin a thairiscint don Uachtarán chomh luath
agus is féidir é tar éis a ghlactha, chun a lámh a chur
leis agus é a fhógairt ina dhlí, agus air sin ní folair
don Uachtarán a lámh a chur leis an mBille agus é a
fhógairt go cuí ina dhlí.

Article 27 *(continued).*

6.   In every case in which the President decides that a Bill the subject of a petition under this Article does not contain a proposal of such national importance that the will of the people thereon ought to be ascertained, he shall inform the Taoiseach and the Chairman of each House of the Oireachtas accordingly in writing under his hand and Seal, and such Bill shall be signed by the President not later than eleven days after the date on which the Bill shall have been deemed to have been passed by both Houses of the Oireachtas and shall be duly promulgated by him as a law.

THE GOVERNMENT.

Article 28.

1.   The Government shall consist of not less than seven and not more than fifteen members who shall be appointed by the President in accordance with the provisions of this Constitution.

2.   The executive power of the State shall, subject to the provisions of this Constitution, be exercised by or on the authority of the Government.

3.   1° War shall not be declared and the State shall not participate in any war save with the assent of Dáil Éireann.

Airteagal 27 *(ar leanúint).*

6.   I gcás gach Bille is siocair d'achainí faoin Airteagal seo, más é breith an Uachtaráin nach bhfuil aon togra ann ina bhfuil an oiread sin tábhacht náisiúnta gur chóir breith an phobail a fháil air, ní foláir dó scríbhinn faoina láimh agus faoina Shéala a chur go dtí an Taoiseach agus go dtí Cathaoirleach gach Tí den Oireachtas á chur sin in iúl dóibh, agus a lámh a chur leis an mBille sin lá nach déanaí ná aon lá dhéag tar éis an lae a meastar a ritheadh an Bille sin ag dhá Theach an Oireachtais, agus é a fhógairt go cuí ina dhlí.

AN RIALTAS.

Airteagal 28.

1.   Mórsheisear ar a laghad, agus cúig dhuine dhéag ar a mhéid, líon comhaltaí an Rialtais, agus is é an tUachtarán a cheapfas na comhaltaí sin de réir forálacha an Bhunreachta seo.

2.   Faoi chuimsiú forálacha an Bhunreachta seo, is é an Rialtas a oibreos, nó is le húdarás an Rialtais a oibreofar, cumhacht chomhallach an Stáit.

3.   1° Ní dleathach cogadh a fhógairt ná páirt a bheith ag an Stát in aon chogadh ach amháin le haontú Dháil Éireann.

Article 28 *(continued).*

2° In the case of actual invasion, however, the Government may take whatever steps they may consider necessary for the protection of the State, and Dáil Éireann if not sitting shall be summoned to meet at the earliest practicable date.

3° Nothing in this Constitution shall be invoked to invalidate any law enacted by the Oireachtas which is expressed to be for the purpose of securing the public safety and the preservation of the State in time of war or armed rebellion, or to nullify any act done or purporting to be done in time of war or armed rebellion in pursuance of any such law. In this sub-section "time of war" includes a time when there is taking place an armed conflict in which the State is not a participant but in respect of which each of the Houses of the Oireachtas shall have resolved that, arising out of such armed conflict, a national emergency exists affecting the vital interests of the State and "time of war or armed rebellion" includes such time after the termination of any war, or of any such armed conflict as aforesaid, or of an armed rebellion, as may elapse until each of the Houses of the Oireachtas shall have resolved that the national emergency occasioned by such war, armed conflict, or armed rebellion has ceased to exist.

Airteagal 28 *(ar leanúint).*

2° Ach féadfaidh an Rialtas, i gcás ionraidh, aon ní a dhéanamh a mheasfaid a bheith riachtanach chun an Stát a chosaint, agus mura mbeidh Dáil Éireann ina suí ní foláir í a thionól chomh luath agus is féidir é.

3° Ní cead aon ní dá bhfuil sa Bhunreacht seo a agairt chun aon dlí dá n-achtaíonn an tOireachtas a chur ó bhail má luaitear ann gur dlí é chun slándáil an phobail a chur in áirithe agus chun an Stát a chaomhnú in aimsir chogaidh nó ceannairce faoi arm, ná chun aon ghníomh dá ndéantar nó a bheireann le tuiscint gur gníomh é a dhéantar in aimsir chogaidh nó ceannairce faoi arm de bhun aon dlí den sórt sin, a chur ar neamhní. San fho-alt seo, folaíonn "aimsir chogaidh" tráth a bheidh coinbhleacht faoi arm ar siúl nach mbeidh an Stát páirteach ann ach go mbeidh beartaithe ag gach Teach den Oireachtas ina thaobh le rún go bhfuil ann, de dheasca an choinbhleachta sin faoi arm, staid phráinne náisiúnta a dhéanann difear do bhonn beatha an Stáit agus folaíonn "aimsir chogaidh nó ceannairce faoi arm" an tréimhse aimsire sin a bheidh idir an tráth a chuirfear deireadh le haon chogadh, nó le haon choinbhleacht faoi arm den sórt sin réamhráite, nó le ceannairc faoi arm agus an tráth a bheartóidh gach Teach den Oireachtas le rún nach ann a thuilleadh don staid phráinne náisiúnta arbh é an cogadh sin, nó an coinbhleacht sin faoi arm, nó an cheannairc sin faoi arm faoi deara é.

Article 28 *(continued).*

4.　　1° The Government shall be responsible to Dáil Éireann.

　　2° The Government shall meet and act as a collective authority, and shall be collectively responsible for the Departments of State administered by the members of the Government.

　　3° The Government shall prepare Estimates of the Receipts and Estimates of the Expenditure of the State for each financial year, and shall present them to Dáil Éireann for consideration.

5.　　1° The head of the Government, or Prime Minister, shall be called, and is in this Constitution referred to as, the Taoiseach.

　　2° The Taoiseach shall keep the President generally informed on matters of domestic and international policy.

6.　　1° The Taoiseach shall nominate a member of the Government to be the Tánaiste.

　　2° The Tánaiste shall act for all purposes in the place of the Taoiseach if the Taoiseach should die, or become permanently incapacitated, until a new Taoiseach shall have been appointed.

　　3° The Tánaiste shall also act for or in the place of the Taoiseach during the temporary absence of the Taoiseach.

Airteagal 28 *(ar leanúint).*

4.   1° Tá an Rialtas freagrach do Dháil Éireann.

2° I gcomhúdarás a thiocfaidh an Rialtas le chéile agus a ghníomhóid, agus táid go léir le chéile freagrach sna Ranna Stáit a riartar ag comhaltaí an Rialtais.

3° Ní foláir don Rialtas Meastacháin ar Fháltas an Stáit agus Meastacháin ar Chaitheamh Airgid an Stáit a ullmhú i gcomhair gach bliana airgeadais, agus iad a chur os comhair Dháil Éireann chun a mbreithnithe.

5.   1° An Taoiseach is teideal do cheann an Rialtais, .i. an Príomh-Aire, agus sin é a bheirtear air sa Bhunreacht seo.

2° Ní foláir don Taoiseach eolas i gcoitinne a thabhairt don Uachtarán ar nithe a bhaineas le beartas inmheánach agus le beartas idirnáisiúnta.

6.   1° Ní foláir don Taoiseach comhalta den Rialtas a ainmniú chun bheith ina Thánaiste.

2° Má éagann an Taoiseach nó má ghabhann míthreoir bhuan é, ní foláir don Tánaiste gníomhú chun gach críche in ionad an Taoisigh nó go gceaptar Taoiseach eile.

3° Ní foláir don Tánaiste, fairis sin, gníomhú thar ceann nó in ionad an Taoisigh le linn eisean a bheith as láthair go sealadach.

Article 28 *(continued).*

7.   1° The Taoiseach, the Tánaiste and the member of
the Government who is in charge of the Department
of Finance must be members of Dáil Éireann.

2° The other members of the Government must
be members of Dáil Éireann or Seanad Éireann, but
not more than two may be members of Seanad
Éireann.

8.   Every member of the Government shall have the
right to attend and be heard in each House of the
Oireachtas.

9.   1° The Taoiseach may resign from office at any
time by placing his resignation in the hands of the
President.

2° Any other member of the Government may
resign from office by placing his resignation in the
hands of the Taoiseach for submission to the
President.

3° The President shall accept the resignation of a
member of the Government, other than the Taoiseach,
if so advised by the Taoiseach.

4° The Taoiseach may at any time, for reasons
which to him seem sufficient, request a member of
the Government to resign; should the member
concerned fail to comply with the request, his
appointment shall be terminated by the President if
the Taoiseach so advises.

Airteagal 28 *(ar leanúint).*

7.   1° Ní foláir an Taoiseach agus an Tánaiste agus an comhalta sin den Rialtas a bheas i mbun an Roinn Airgeadais a bheith ina gcomhaltaí de Dháil Éireann.

2° Ní foláir na comhaltaí eile den Rialtas a bheith ina gcomhaltaí de Dháil Éireann nó de Sheanad Éireann ach ní dleathach thar beirt acu a bheith ina gcomhaltaí de Sheanad Éireann.

8.   Tá sé de cheart ag gach comhalta den Rialtas bheith i láthair agus labhairt i ngach Teach den Oireachtas.

9.   1° Tig leis an Taoiseach éirí as oifig uair ar bith trína chur sin in iúl don Uachtarán.

2° Tig le haon chomhalta eile den Rialtas éirí as oifig trína chur sin in iúl don Taoiseach chun an scéal a chur faoi bhráid an Uachtaráin.

3° Ní foláir don Uachtarán glacadh le haon chomhalta den Rialtas, seachas an Taoiseach, d'éirí as oifig má chomhairlíonn an Taoiseach é sin dó.

4° Tig leis an Taoiseach uair ar bith, ar ábhair is leor leis féin, a iarraidh ar chomhalta den Rialtas éirí as oifig; mura ndéana an comhalta sin de réir na hachainí sin, ní foláir don Uachtarán an comhalta sin a chur as oifig má chomhairlíonn an Taoiseach dó é.

Article 28 *(continued).*

10.   The Taoiseach shall resign from office upon his ceasing to retain the support of a majority in Dáil Éireann unless on his advice the President dissolves Dáil Éireann and on the reassembly of Dáil Éireann after the dissolution the Taoiseach secures the support of a majority in Dáil Éireann.

11.   1° If the Taoiseach at any time resigns from office the other members of the Government shall be deemed also to have resigned from office, but the Taoiseach and the other members of the Government shall continue to carry on their duties until their successors shall have been appointed.

    2° The members of the Government in office at the date of a dissolution of Dáil Éireann shall continue to hold office until their successors shall have been appointed.

12.   The following matters shall be regulated in accordance with law, namely, the organization of, and distribution of business amongst, Departments of State, the designation of members of the Government to be the Ministers in charge of the said Departments, the discharge of the functions of the office of a member of the Government during his temporary absence or incapacity, and the remuneration of the members of the Government.

Airteagal 28 *(ar leanúint).*

10. Aon uair nach leanann tromlach i nDáil Éireann de
bheith i dtacaíocht leis an Taoiseach, ní foláir dósan
éirí as oifig mura lánscoireann an tUachtarán Dáil
Éireann ar chomhairle an Taoisigh agus go n-éiríonn
leis an Taoiseach tacaíocht tromlaigh i nDáil Éireann
a fháil ar ationól do Dháil Éireann i ndiaidh an
lánscoir.

11. 1° Má éiríonn an Taoiseach as oifig tráth ar bith,
ní foláir a mheas go n-éiríonn an chuid eile de
chomhaltaí an Rialtais as oifig fairis sin; ach
leanfaidh an Taoiseach agus an chuid eile de
chomhaltaí an Rialtais dá ndualgais nó go gceaptar a
gcomharbaí.

   2° Na comhaltaí den Rialtas a bheas in oifig lá
lánscortha Dháil Éireann, leanfaid dá n-oifig nó go
gceaptar a gcomharbaí.

12. Is de réir dlí a rialófar na nithe seo a leanas .i.
Ranna Stáit a chomheagrú agus gnó a roinnt orthu,
comhaltaí den Rialtas a cheapadh chun bheith ina
nAirí i mbun na Ranna sin, na feidhmeanna a
bhaineas le hoifig chomhalta den Rialtas a
chomhlíonadh le linn an chomhalta sin a bheith tamall
as láthair nó ar míthreoir, agus tuarastal comhaltaí an
Rialtais.

INTERNATIONAL RELATIONS

Article 29.

1.   Ireland affirms its devotion to the ideal of peace and friendly co-operation amongst nations founded on international justice and morality.

2.   Ireland affirms its adherence to the principle of the pacific settlement of international disputes by international arbitration or judicial determination.

3.   Ireland accepts the generally recognised principles of international law as its rule of conduct in its relations with other States.

4.   1° The executive power of the State in or in connection with its external relations shall in accordance with Article 28 of this Constitution be exercised by or on the authority of the Government.

2° For the purpose of the exercise of any executive function of the State in or in connection with its external relations, the Government may to such extent and subject to such conditions, if any, as may be determined by law, avail of or adopt any organ, instrument, or method of procedure used or adopted for the like purpose by the members of any group or league of nations with which the State is or becomes associated for the purpose of international co-operation in matters of common concern.

3° The State may become a member of the European Coal and Steel Community (established by Treaty signed at Paris on the 18th day of April,

CAIDREAMH IDIRNÁISIÚNTA

Airteagal 29.

1. Dearbhaíonn Éire gur mian léi síocháin agus comhar, de réir an chothroim idirnáisiúnta agus na moráltachta idirnáisiúnta, a bheith ar bun idir náisiúin an domhain.

2. Dearbhaíonn Éire fós gur mian léi go ndéanfaí gach achrann idir náisiúin a réiteach go síochánta le headráin idirnáisiúnta nó le cinneadh breithiúnach.

3. Glacann Éire le bunrialacha gnáth-admhaithe an dlí idirnáisiúnta le bheith ina dtreoir d'Éirinn ina caidreamh le Stáit eile.

4. 1° De réir Airteagal 28 den Bhunreacht seo is é an Rialtas a oibreos, nó is le húdarás an Rialtais a oibreofar, cumhacht chomhallach an Stáit maidir lena chaidreamh eachtrach.

   2° Ionas go bhféadfar aon fheidhm chomhallach leis an Stát a oibriú maidir lena chaidreamh eachtrach féadfaidh an Rialtas, sa mhéid go gcinnfear le dlí agus faoi chuimsiú cibé coinníollacha a chinnfear le dlí, má chinntear, aon organ stáit nó sás nó nós imeachta a chur chun críche nó a ghlacadh a chuirtear chun críche nó a ghlactar chun a leithéid sin de chuspóir ag na náisiúin is comhaltaí d'aon bhuíon nó d'aon chumann de náisiúin a bhfuil nó a mbeidh an Stát i gcomhlachas leo le haghaidh comhair idirnáisiúnta i gcúrsaí a bhaineas leo uile.

   3° Tig leis an Stát a bheith ina chomhalta den Chomhphobal Eorpach do Ghual agus Cruach (a bunaíodh le Conradh a síníodh i bPáras an 18ú lá

Article 29 *(continued).*

1951), the European Economic Community (established by Treaty signed at Rome on the 25th day of March, 1957) and the European Atomic Energy Community (established by Treaty signed at Rome on the 25th day of March, 1957). The State may ratify the Single European Act (signed on behalf of the Member States of the Communities at Luxembourg on the 17th day of February, 1986, and at the Hague on the 28th day of February, 1986). No provision of this Constitution invalidates laws enacted, acts done or measures adopted by the State necessitated by the obligations of membership of the Communities or prevents laws enacted, acts done or measures adopted by the Communities, or institutions thereof, from having the force of law in the State.

5.   1° Every international agreement to which the State becomes a party shall be laid before Dáil Éireann.

2° The State shall not be bound by any international agreement involving a charge upon public funds unless the terms of the agreement shall have been approved by Dáil Éireann.

3° This section shall not apply to agreements or conventions of a technical and adminstrative character.

6.   No international agreement shall be part of the domestic law of the State save as may be determined by the Oireachtas.

Airteagal 29 *(ar leanúint).*

d'Aibreán, 1951), de Chomhphobal Eacnamaíochta na hEorpa (a bunaíodh le Conradh a síníodh sa Róimh an 25ú lá de Mhárta, 1957) agus den Chomhphobal Eorpach do Fhuinneamh Adamhach (a bunaíodh le Conradh a síníodh sa Róimh an 25ú lá de Mhárta, 1957). Tig leis an Stát an Ionstraim Eorpach Aonair (a síníodh thar ceann Bhallstáit na gComhphobal i Lucsamburg an 17ú lá d'Fheabhra, 1986, agus sa Háig an 28ú lá d'Fheabhra, 1986) a dhaingniú. Ní dhéanann aon fhoráil atá sa Bhunreacht seo aon dlíthe a d'achtaigh, gníomhartha a rinne nó bearta lenar ghlac an Stát, de bhíthin riachtanais na n-oibleagáidí mar chomhalta de na Comhphobail, a chur ó bhail dlí ná cosc a chur le dlíthe a d'achtaigh, gníomhartha a rinne nó bearta lenar ghlac na Comhphobail, nó institiúidí de na Comhphobail, ó fheidhm dlí a bheith acu sa Stát.

5. 1° Ní foláir gach conradh idirnáisiúnta ina mbeidh an Stát páirteach a leagan os comhair Dháil Éireann.

    2° Aon chonradh idirnáisiúnta a chuirfeadh costas ar an gciste poiblí ní bheidh sé ina cheangal ar an Stát mura dtoilí Dáil Éireann le téarmaí an chonartha.

    3° Ní bhaineann an t-alt seo le conarthaí ná le comhaontuithe ar chúrsaí teicnice agus riaracháin.

6. Ní bheidh aon chonradh idirnáisiúnta ina chuid de dhlí inmheánach an Stáit ach mar a chinnfidh an tOireachtas.

THE ATTORNEY GENERAL

Article 30.

1. There shall be an Attorney General who shall be the adviser of the Government in matters of law and legal opinion, and shall exercise and perform all such powers, functions and duties as are conferred or imposed on him by this Constitution or by law.

2. The Attorney General shall be appointed by the President on the nomination of the Taoiseach.

3. All crimes and offences prosecuted in any court constituted under Article 34 of this Constitution other than a court of summary jurisdiction shall be prosecuted in the name of the People and at the suit of the Attorney General or some other person authorised in accordance with law to act for that purpose.

4. The Attorney General shall not be a member of the Government.

5.   1° The Attorney General may at any time resign from office by placing his resignation in the hands of the Taoiseach for submission to the President.

      2° The Taoiseach may, for reasons which to him seem sufficient, request the resignation of the Attorney General.

AN tARD-AIGHNE

Airteagal 30.

1. Beidh Ard-Aighne ann, agus is é is comhairleach don Rialtas i gcúrsaí dlí agus tuairimí dlí, agus ní foláir dó gach cumhacht, gach feidhm agus gach dualgas dá mbronntar nó dá gcuirtear air leis an mBunreacht seo nó le dlí a oibriú agus a chomhlíonadh.

2. Is ag an Uachtarán a cheapfar an tArd-Aighne arna ainmniú sin ag an Taoiseach.

3. I gcás gach coir agus cion dá dtugtar in aon chúirt a bhunaítear faoi Airteagal 34 den Bhunreacht seo, ach amháin cúirt dlínse achomaire, is in ainm an Phobail agus ar agra an Ard-Aighne, nó ar agra dhuine éigin eile a údaraítear ina chomhair sin de réir dlí, a dhéanfar an cúiseamh.

4. Ní cead an tArd-Aighne a bheith ina chomhalta den Rialtas.

5. 1° Tig leis an Ard-Aighne éirí as oifig uair ar bith trína chur sin in iúl don Taoiseach chun an scéal a chur faoi bhráid an Uachtaráin.

   2° Tig leis an Taoiseach, ar ábhair is leor leis féin, a iarraidh ar an Ard-Aighne éirí as oifig.

Article 30 *(continued).*

3° In the event of failure to comply with the request, the appointment of the Attorney General shall be terminated by the President if the Taoiseach so advises.

4° The Attorney General shall retire from office upon the resignation of the Taoiseach, but may continue to carry on his duties until the successor to the Taoiseach shall have been appointed.

6. Subject to the foregoing provisions of this Article, the office of Attorney General, including the remuneration to be paid to the holder of the office, shall be regulated by law.

THE COUNCIL OF STATE.

Article 31.

1. There shall be a Council of State to aid and counsel the President on all matters on which the President may consult the said Council in relation to the exercise and performance by him of such of his powers and functions as are by this Constitution expressed to be exercisable and performable after consultation with the Council of State, and to exercise such other functions as are conferred on the said Council by this Constitution.

Airteagal 30 *(ar leanúint).*

3° Mura ndéana an tArd-Aighne de réir na hachainí sin ní foláir don Uachtarán é a chur as oifig má chomhairlíonn an Taoiseach dó é.

4° Ní foláir don Ard-Aighne dul as oifig ar éirí as oifig don Taoiseach, ach tig leis leanúint dá dhualgais nó go gceaptar comharba an Taoisigh.

6.　Faoi chuimsiú na bhforálacha sin romhainn den Airteagal seo is de réir dlí a rialófar oifig an Ard-Aighne, maille leis an tuarastal is iníoctha leis an té a bheas i seilbh na hoifige sin.

AN CHOMHAIRLE STÁIT.

Airteagal 31.

1.　Beidh Comhairle Stáit ann chun cabhair is comhairle a thabhairt don Uachtarán i dtaobh gach ní dá gcuirfidh an tUachtarán ina gcomhairle, maidir le hé d'oibriú is do chomhlíonadh na gcumhachtaí is na bhfeidhmeanna a luaitear sa Bhunreacht seo a bheith inoibrithe is inchomhlíonta aige tar éis comhairle a ghlacadh leis an gComhairle Stáit, agus fós chun aon fheidhmeanna eile a bhronntar ar an gComhairle sin leis an mBunreacht seo a chomhlíonadh.

Article 31 *(continued)*.

2. The Council of State shall consist of the following members:

    i. As *ex-officio* members: the Taoiseach, the Tánaiste, the Chief Justice, the President of the High Court, the Chairman of Dáil Éireann, the Chairman of Seanad Éireann, and the Attorney General.

    ii. Every person able and willing to act as a member of the Council of State who shall have held the office of President, or the office of Taoiseach, or the office of Chief Justice, or the office of President of the Executive Council of Saorstát Éireann.

    iii. Such other persons, if any, as may be appointed by the President under this Article to be members of the Council of State.

3. The President may at any time and from time to time by warrant under his hand and Seal appoint such other persons as, in his absolute discretion, he may think fit, to be members of the Council of State, but not more than seven persons so appointed shall be members of the Council of State at the same time.

Airteagal 31 *(ar leanúint).*

2.   Is iad na daoine seo a leanas a bheas ina gcomhaltaí
      den Chomhairle Stáit:

    i.   De bhua oifige: an Taoiseach, an Tánaiste, an
          Príomh-Bhreitheamh, Uachtarán na hArd-
          Chúirte, Cathaoirleach Dháil Éireann,
          Cathaoirleach Sheanad Éireann, agus an
          tArd-Aighne.

    ii.   Gach duine ar cumas dó agus ar fonn leis
          gníomhú ina chomhalta den Chomhairle
          Stáit, agus a bhí tráth ina Uachtarán nó ina
          Thaoiseach nó ina Phríomh-Bhreitheamh, nó
          ina Uachtarán ar Ard-Chomhairle Shaorstát
          Éireann.

    iii. Aon daoine eile a cheapfar ag an Uachtarán
          faoin Airteagal seo, má cheaptar aon duine,
          chun bheith ina gcomhaltaí den Chomhairle
          Stáit.

3.   Tig leis an Uachtarán uair ar bith agus ó am go ham
      cibé daoine eile is oiriúnach leis, as a chomhairle
      féin, a cheapadh le barántas faoina láimh is faoina
      Shéala chun bheith ina gcomhaltaí den Chomhairle
      Stáit, ach ní dleathach thar mórsheisear a cheaptar ar
      an gcuma sin a bheith ina gcomhaltaí den Chomhairle
      Stáit san am chéanna.

Article 31 *(continued).*

4.   Every member of the Council of State shall at the first meeting thereof which he attends as a member take and subscribe a declaration in the following form:

> "In the presence of Almighty God I,
> , do solemnly and
> sincerely promise and declare that I will
> faithfully and conscientiously fulfil my duties
> as a member of the Council of State."

5.   Every member of the Council of State appointed by the President, unless he previously dies, resigns, becomes permanently incapacitated, or is removed from office, shall hold office until the successor of the President by whom he was appointed shall have entered upon his office.

6.   Any member of the Council of State appointed by the President may resign from office by placing his resignation in the hands of the President.

7.   The President may, for reasons which to him seem sufficient, by an order under his hand and Seal, terminate the appointment of any member of the Council of State appointed by him.

8.   Meetings of the Council of State may be convened by the President at such times and places as he shall determine.

Airteagal 31 *(ar leanúint).*

4. Ní foláir do gach comhalta den Chomhairle Stáit, an chéad uair a bheidh sé ar thionól den Chomhairle sin ina chomhalta di, an dearbhú seo a leanas a dhéanamh agus a lámh a chur leis:

> "I láthair Dia na nUilechumhacht, táimse, , á ghealladh agus á dhearbhú go sollúnta agus go fírinneach mo dhualgais i mo chomhalta den Chomhairle Stáit a chomhlíonadh go dílis coinsiasach."

5. Gach comhalta den Chomhairle Stáit a cheapfar ag an Uachtarán beidh sé i seilbh oifige nó go dté comharba an Uachtaráin a cheap é i gcúram a oifige, is é sin mura dtarlaí roimhe sin go n-éagfaidh an comhalta sin, nó go n-éireoidh as oifig, nó go ngeobhaidh míthreoir bhuan é, nó go gcuirfear as oifig é.

6. Aon chomhalta den Chomhairle Stáit dá gceapfaidh an tUachtarán tig leis éirí as oifig trína chur sin in iúl don Uachtarán.

7. Tig leis an Uachtarán, ar ábhair is leor leis féin, duine ar bith dár cheap sé don Chomhairle Stáit a chur as oifig le hordú faoina láimh agus faoina Shéala.

8. Tig leis an Uachtarán an Chomhairle Stáit a chomóradh cibé áit agus am a shocróidh sé chuige.

Article 32.

The President shall not exercise or perform any of the powers or functions which are by this Constitution expressed to be exercisable or performable by him after consultation with the Council of State unless, and on every occasion before so doing, he shall have convened a meeting of the Council of State and the members present at such meeting shall have been heard by him.

THE COMPTROLLER AND AUDITOR GENERAL.

Article 33.

1.   There shall be a Comptroller and Auditor General to control on behalf of the State all disbursements and to audit all accounts of moneys administered by or under the authority of the Oireachtas.

2.   The Comptroller and Auditor General shall be appointed by the President on the nomination of Dáil Éireann.

3.   The Comptroller and Auditor General shall not be a member of either House of the Oireachtas and shall not hold any other office or position of emolument.

4.   The Comptroller and Auditor General shall report to Dáil Éireann at stated periods as determined by law.

Airteagal 32.

Cumhachtaí nó feidhmeanna ar bith a luaitear ina dtaobh sa Bhunreacht seo gur dleathach don Uachtarán iad a oibriú nó a chomhlíonadh tar éis comhairle a ghlacadh leis an gComhairle Stáit, ní cead don Uachtarán aon chumhacht ná feidhm díobh a oibriú ná a chomhlíonadh mura gcomóra sé an Chomhairle Stáit i ngach cás roimh ré, agus éisteacht leis na comhaltaí den Chomhairle sin a bheas i láthair.

AN tARD-REACHTAIRE CUNTAS AGUS CISTE.

Airteagal 33.

1. Beidh Ard-Reachtaire Cuntas agus Ciste ann chun gach caitheamh airgid a rialú thar ceann an Stáit, agus chun iniúchadh a dhéanamh ar gach uile chuntas ar airgead a riartar ag an Oireachtas nó faoi údarás an Oireachtais.

2. Is ag an Uachtarán a cheapfar an tArd-Reachtaire Cuntas agus Ciste, arna ainmniú sin ag Dáil Éireann.

3. Ní cead an tArd-Reachtaire Cuntas agus Ciste a bheith ina chomhalta de cheachtar de Thithe an Oireachtais, ná a bheith in aon oifig ná post sochair eile.

4. Ní foláir don Ard-Reachtaire Cuntas agus Ciste tuarascálacha a chur os comhair Dháil Éireann ar thrátha áirithe mar a chinnfear le dlí.

Article 33 *(continued).*

5.　　1°　The Comptroller and Auditor General shall not be removed from office except for stated misbehaviour or incapacity, and then only upon resolutions passed by Dáil Éireann and by Seanad Éireann calling for his removal.

　　2°　The Taoiseach shall duly notify the President of any such resolutions as aforesaid passed by Dáil Éireann and by Seanad Éireann and shall send him a copy of each such resolution certified by the Chairman of the House of the Oireachtas by which it shall have been passed.

　　3°　Upon receipt of such notification and of copies of such resolutions, the President shall forthwith, by an order under his hand and Seal, remove the Comptroller and Auditor General from office.

6.　　Subject to the foregoing, the terms and conditions of the office of Comptroller and Auditor General shall be determined by law.

THE COURTS.

Article 34.

1.　　Justice shall be administered in courts established by law by judges appointed in the manner provided by this Constitution, and, save in such special and limited cases as may be prescribed by law, shall be administered in public.

Airteagal 33 *(ar leanúint).*

5.   1° Ní cead an tArd-Reachtaire Cuntas agus Ciste a
chur as oifig ach amháin de dheasca mí-iompair nó
míthreora a luafar, ná an uair sin féin mura rithid Dáil
Éireann agus Seanad Éireann rúin á éileamh é a chur
as oifig.

2° Rúin ar bith den sórt sin a rithfid Dáil Éireann
agus Seanad Éireann ní foláir don Taoiseach scéala a
thabhairt don Uachtarán ina dtaobh go cuí, agus cóip
de gach rún den tsamhail sin a sheoladh chuige faoi
theastas Chathaoirleach an Tí den Oireachtas a rith é.

3° Láithreach d'éis na scéala sin agus cóipeanna
de na rúin sin a fháil don Uachtarán ní foláir dó, le
hordú faoina láimh is faoina Shéala, an tArd-
Reachtaire Cuntas agus Ciste a chur as oifig.

6.   Faoi chuimsiú na nithe sin romhainn, is le dlí a
chinnfear coinníollacha agus cúinsí oifig an Ard-
Reachtaire Cuntas agus Ciste.

NA CÚIRTEANNA.

Airteagal 34.

1.   Is i gcúirteanna a bhunaítear le dlí agus ag
breithiúna a cheaptar ar an modh atá leagtha amach
sa Bhunreacht seo a riarfar ceart, agus is go poiblí a
dhéanfar sin ach amháin sna cásanna speisialta
teoranta sin a ordófar le dlí.

Article 34 *(continued).*

2.   The Courts shall comprise Courts of First Instance and a Court of Final Appeal.

3.   1° The Courts of First Instance shall include a High Court invested with full original jurisdiction in and power to determine all matters and questions whether of law or fact, civil or criminal.

2° Save as otherwise provided by this Article, the jurisdiction of the High Court shall extend to the question of the validity of any law having regard to the provisions of this Constitution, and no such question shall be raised (whether by pleading, argument or otherwise) in any Court established under this or any other Article of this Constitution other than the High Court or the Supreme Court.

3° No Court whatever shall have jurisdiction to question the validity of a law, or any provision of a law, the Bill for which shall have been referred to the Supreme Court by the President under Article 26 of this Constitution, or to question the validity of a provision of a law where the corresponding provision in the Bill for such law shall have been referred to the Supreme Court by the President under the said Article 26.

Airteagal 34 *(ar leanúint).*

2.   Beidh ar na cúirteanna sin Cúirteanna Céadchéime agus Cúirt Achomhairc Dheiridh.

3.   1° Beidh ar na Cúirteanna Céadchéime sin Ard-Chúirt ag a mbeidh lándlínse bhunaidh, agus cumhacht chun breith a thabhairt, i ngach ní agus ceist dlí nó fíorais cibé sibhialta nó coiriúil iad.

2° Taobh amuigh de chás dá socraítear a mhalairt leis an Airteagal seo, beidh dlínse ag an Ard-Chúirt maidir leis an gceist sin bail a bheith nó gan a bheith ar aon dlí áirithe ag féachaint d'fhorálacha an Bhunreachta seo, agus ní cead aon cheist den sórt sin a tharraingt anuas (trí phléadáil ná argóint ná eile) i gCúirt ar bith, arna bunú faoin Airteagal seo nó faoi aon Airteagal eile den Bhunreacht seo, seachas an Ard-Chúirt nó an Chúirt Uachtarach.

3° Ní bheidh dlínse ag Cúirt ar bith chun bailíocht dhlí nó fhorála ar bith de dhlí a chur in amhras is dlí a ndearna an tUachtarán an Bille lena aghaidh a chur faoi bhreith na Cúirte Uachtaraí faoi Airteagal 26 den Bhunreacht seo, ná chun bailíocht fhorála de dhlí a chur in amhras má rinne an tUachtarán an fhoráil chomhréire sa Bhille le haghaidh an dlí sin a chur faoi bhreith na Cúirte Uachtaraí faoin Airteagal sin 26.

Article 34 *(continued).*

4° The Courts of First Instance shall also include Courts of local and limited jurisdiction with a right of appeal as determined by law.

4.   1° The Court of Final Appeal shall be called the Supreme Court.

2° The president of the Supreme Court shall be called the Chief Justice.

3° The Supreme Court shall, with such exceptions and subject to such regulations as may be prescribed by law, have appellate jurisdiction from all decisions of the High Court, and shall also have appellate jurisdiction from such decisions of other courts as may be prescribed by law.

4° No law shall be enacted excepting from the appellate jurisdiction of the Supreme Court cases which involve questions as to the validity of any law having regard to the provisions of this Constitution.

5° The decision of the Supreme Court on a question as to the validity of a law having regard to the provisions of this Constitution shall be pronounced by such one of the judges of that Court as that Court shall direct, and no other opinion on such question, whether assenting or dissenting, shall be pronounced, nor shall the existence of any such other opinion be disclosed.

Airteagal 34 *(ar leanúint).*

4° Beidh ar na Cúirteanna Céadchéime, fairis sin, Cúirteanna ag a mbeidh dlínse theoranta áitiúil maille le ceart achomhairc ina n-aghaidh faoi mar a chinnfear le dlí.

4. 1° An Chúirt Uachtarach is teideal don Chúirt Achomhairc Dheiridh.

2° An Príomh-Bhreitheamh is teideal d'uachtarán na Cúirte Uachtaraí.

3° Taobh amuigh de cibé eisceachtaí agus faoi chuimsiú cibé rialacha a ordófar le dlí, beidh dlínse achomhairc ag an gCúirt Uachtarach ar bhreitheanna uile na hArd-Chúirte agus, fairis sin, ar na breitheanna sin ó chúirteanna eile a ordófar le dlí.

4° Ní cead aon dlí a achtú a chuirfeadh ar an taobh amuigh de dhlínse achomhairc na Cúirte Uachtaraí cásanna ina mbeadh ceisteanna le réiteach i dtaobh bail a bheith nó gan a bheith ar aon dlí, ag féachaint d'fhorálacha an Bhunreachta seo.

5° Is é a chraolfas breith na Cúirte Uachtaraí ar cheist i dtaobh bail a bheith nó gan a bheith ar dhlí ag féachaint d'fhorálacha an Bhunreachta seo ná an duine sin de bhreithiúna na Cúirte sin a cheapfaidh an Chúirt sin chuige sin, agus ní cead tuairim ar bith eile ar an gceist sin, ag aontú nó ag easaontú leis an mbreith sin, a chraoladh ná ní cead a nochtadh tuairim ar bith eile den sórt sin a bheith ann.

Article 34 *(continued).*

  6° The decision of the Supreme Court shall in all cases be final and conclusive.

5.   1° Every person appointed a judge under this Constitution shall make and subscribe the following declaration:

   "In the presence of Almighty God I,

  do solemnly and sincerely promise and declare that I will duly and faithfully and to the best of my knowledge and power execute the office of Chief Justice (*or as the case may be*) without fear or favour, affection or ill-will towards any man, and that I will uphold the Constitution and the laws. May God direct and sustain me."

  2° This declaration shall be made and subscribed by the Chief Justice in the presence of the President, and by each of the other judges of the Supreme Court, the judges of the High Court and the judges of every other Court in the presence of the Chief Justice or the senior available judge of the Supreme Court in open court.

Airteagal 34 *(ar leanúint).*

6° Ní bheidh dul thar breith na Cúirte Uachtaraí i gcás ar bith.

5. 1° Gach duine a cheapfar chun bheith ina bhreitheamh faoin mBunreacht seo ní foláir dó an dearbhú seo a leanas a dhéanamh agus a lámh a chur leis:

"I láthair Dia na nUilechumhacht táimse, , á ghealladh agus á dhearbhú go sollúnta agus go fírinneach go gcomhlíonfad go cuí agus go dílis, chomh maith agus is eol agus is cumas dom, oifig an Phríomh-Bhreithimh (*nó de réir mar a oireas*) gan eagla gan claonadh, gan bá gan drochaigne chun duine ar bith, agus go gcumhdód Bunreacht agus dlíthe Éireann. Dia do mo stiúradh agus do mo chumhdach."

2° Is i láthair an Uachtaráin a dhéanfaidh an Príomh-Bhreitheamh an dearbhú sin agus a chuirfidh a lámh leis, agus is sa chúirt go poiblí agus i láthair an Phríomh-Bhreithimh nó an bhreithimh den Chúirt Uachtarach is sinsearaí dá mbeidh ar fáil a dhéanfaidh gach breitheamh eile den Chúirt Uachtarach agus gach breitheamh den Ard-Chúirt agus de gach Cúirt eile an dearbhú sin agus a chuirfidh lámh leis.

Article 34 *(continued).*

3° The declaration shall be made and subscribed by every judge before entering upon his duties as such judge, and in any case not later than ten days after the date of his appointment or such later date as may be determined by the President.

4° Any judge who declines or neglects to make such declaration as aforesaid shall be deemed to have vacated his office.

Article 35.

1.　　The judges of the Supreme Court, the High Court and all other Courts established in pursuance of Article 34 hereof shall be appointed by the President.

2.　　All judges shall be independent in the exercise of their judicial functions and subject only to this Constitution and the law.

3.　　No judge shall be eligible to be a member of either House of the Oireachtas or to hold any other office or position of emolument.

4.　　1° A judge of the Supreme Court or the High Court shall not be removed from office except for stated misbehaviour or incapacity, and then only upon resolutions passed by Dáil Éireann and by Seanad Éireann calling for his removal.

Airteagal 34 *(ar leanúint).*

3° Ní foláir do gach breitheamh an dearbhú a dhéanamh agus a lámh a chur leis sula dté i gcúram dualgas a oifige, agus cibé scéal é, ar dháta nach déanaí ná deich lá tar éis lae a cheaptha, nó dáta is déanaí ná sin mar a chinnfidh an tUachtarán.

4° Aon bhreitheamh a dhiúltós nó a fhailleos an dearbhú réamhráite a dhéanamh ní foláir a mheas go bhfuil scartha aige lena oifig.

Airteagal 35.

1. Is ag an Uachtarán a cheapfar breithiúna na Cúirte Uachtaraí, na hArd-Chúirte agus an uile Chúirte eile a bhunaítear de bhun Airteagal 34 den Bhunreacht seo.

2. Beidh gach breitheamh saor neamhspleách maidir lena fheidhmeanna breithimh a oibriú, gan de smacht air ach an Bunreacht seo agus an dlí.

3. Ní cead aon bhreitheamh a bheith ina chomhalta de cheachtar de Thithe an Oireachtais, ná bheith in aon oifig ná post sochair eile.

4. 1° Ní cead breitheamh den Chúirt Uachtarach ná den Ard-Chúirt a chur as oifig ach amháin de dheasca mí-iompair nó míthreorach a luafar, ná an uair sin féin mura rithid Dáil Éireann agus Seanad Éireann rúin á éileamh é a chur as oifig.

Article 35 *(continued).*

2°   The Taoiseach shall duly notify the President of any such resolutions passed by Dáil Éireann and by Seanad Éireann, and shall send him a copy of every such resolution certified by the Chairman of the House of the Oireachtas by which it shall have been passed.

3°   Upon receipt of such notification and of copies of such resolutions, the President shall forthwith, by an order under his hand and Seal, remove from office the judge to whom they relate.

5.   The remuneration of a judge shall not be reduced during his continuance in office.

Article 36.

Subject to the foregoing provisions of this Constitution relating to the Courts, the following matters shall be regulated in accordance with law, that is to say:—

i.   the number of judges of the Supreme Court, and of the High Court, the remuneration, age of retirement and pensions of such judges,

ii.   the number of the judges of all other Courts, and their terms of appointment, and

iii.   the constitution and organization of the said Courts, the distribution of jurisdiction and business among the said Courts and judges, and all matters of procedure.

Airteagal 35 *(ar leanúint).*

2° Rúin ar bith den sórt sin a rithfid Dáil Éireann agus Seanad Éireann ní foláir don Taoiseach scéala a thabhairt don Uachtarán ina dtaobh go cuí agus cóip de gach rún díobh a sheoladh chuige faoi theastas Chathaoirleach an Tí den Oireachtas a rith é.

3° Láithreach d'éis na scéala sin agus cóipeanna de na rúin sin a fháil don Uachtarán ní foláir dó, le hordú faoina láimh is faoina Shéala, an breitheamh lena mbainid a chur as oifig.

5. Ní cead laghdú a dhéanamh ar thuarastal breithimh an fad is bheidh in oifig.

Airteagal 36.

Faoi chuimsiú na bhforálacha sin romhainn den Bhunreacht seo a bhaineas leis na Cúirteanna is de réir dlí a rialófar na nithe seo a leanas .i.

i. líon breithiúna na Cúirte Uachtaraí, agus na hArd-Chúirte, tuarastal, aois scortha agus pinsin na mbreithiúna sin,

ii. líon breithiúna gach Cúirte eile, agus na coinníollacha faoina gceaptar iad, agus

iii. comhdhéanamh agus comheagraíocht na gCúirteanna sin, roinnt na dlínse agus na hoibre ar na Cúirteanna sin agus ar na breithiúna sin, agus gach ní a bhaineas le nós imeachta.

Article 37.

1.   Nothing in this Constitution shall operate to invalidate the exercise of limited functions and powers of a judicial nature, in matters other than criminal matters, by any person or body of persons duly authorised by law to exercise such functions and powers, notwithstanding that such person or such body of persons is not a judge or a court appointed or established as such under this Constitution.

2.   No adoption of a person taking effect or expressed to take effect at any time after the coming into operation of this Constitution under laws enacted by the Oireachtas and being an adoption pursuant to an order made or an authorisation given by any person or body of persons designated by those laws to exercise such functions and powers was or shall be invalid by reason only of the fact that such person or body of persons was not a judge or a court appointed or established as such under this Constitution.

TRIAL OF OFFENCES.

Article 38.

1.   No person shall be tried on any criminal charge save in due course of law.

2.   Minor offences may be tried by courts of summary jurisdiction.

3.   1° Special courts may be established by law for the trial of offences in cases where it may be determined in accordance with such law that the ordinary courts are inadequate to secure the effective

Airteagal 37.

1. Aon duine nó aon dream a n-údaraítear go cuí dóibh le dlí feidhmeanna agus cumhachtaí teoranta breithiúnais a oibriú i gcúrsaí nach cúrsaí coireachta, má oibríd na feidhmeanna agus na cumhachtaí sin ní bheidh an t-oibriú sin gan bhail dlí de bhíthin aon ní sa Bhunreacht seo, siúd is nach breitheamh ná cúirt a ceapadh nó a bunaíodh mar bhreitheamh nó mar chúirt faoin mBunreacht seo an duine nó an dream sin.

2. Ní raibh ná ní bheidh aon uchtáil ar dhuine a ghlac éifeacht nó a bhfuil sé sainráite gur ghlac sí éifeacht aon tráth tar éis don Bhunreacht seo a theacht i ngníomh faoi dhlíthe a d'achtaigh an tOireachtas agus is uchtáil de bhun ordú a rinne nó údarú a thug aon duine nó aon dream a bhí sonraithe leis na dlíthe sin chun na feidhmeanna agus na cumhachtaí sin a oibriú ó bhail dlí de bhíthin amháin nár bhreitheamh ná cúirt a ceapadh nó a bunaíodh mar bhreitheamh nó mar chúirt faoin mBunreacht seo an duine nó an dream sin.

TRIAIL I gCIONTA.

Airteagal 38.

1. Ní cead aon duine a thriail in aon chúis choiriúil ach mar is cuí de réir dlí.

2. Féadfar mionchionta a thriail ag cúirteanna dlínse achomaire.

3. 1° Féadfar cúirteanna faoi leith a bhunú le dlí chun cionta a thriail i gcásanna a gcinnfear ina dtaobh, de réir an dlí sin, nach leor na gnáthchúirteanna chun

Article 38 *(continued).*

administration of justice, and the preservation of public peace and order.

    2° The constitution, powers, jurisdiction and procedure of such special courts shall be prescribed by law.

4.   1° Military tribunals may be established for the trial of offences against military law alleged to have been committed by persons while subject to military law and also to deal with a state of war or armed rebellion.

    2° A member of the Defence Forces not on active service shall not be tried by any courtmartial or other military tribunal for an offence cognisable by the civil courts unless such offence is within the jurisdiction of any courtmartial or other military tribunal under any law for the enforcement of military discipline.

5.   Save in the case of the trial of offences under section 2, section 3 or section 4 of this Article no person shall be tried on any criminal charge without a jury.

6.   The provisions of Articles 34 and 35 of this Constitution shall not apply to any court or tribunal set up under section 3 or section 4 of this Article.

Article 39.

    Treason shall consist only in levying war against the State, or assisting any State or person or inciting or conspiring with any person to levy war against the

Airteagal 38 *(ar leanúint).*
riaradh cirt a chur i bhfeidhm le héifeacht agus chun
síocháin agus ord poiblí a chaomhnú.

2° Is le dlí a shocrófar comhdhéanamh,
cumhachtaí, dlínse agus nós imeachta na gcúirteanna
faoi leith sin.

4.   1° Féadfar binsí míleata a bhunú chun daoine a
thriail i gcionta in aghaidh dlí mhíleata a deirtear a
rinneadar le linn a mbeith faoi dhlí mhíleata, agus fós
chun broic le heisíth nó le ceannairc faoi arm.

2° Duine de na Fórsaí Cosanta nach bhfuil ar
fianas ní cead é a thriail i láthair aon armchúirte ná
binse míleata eile i gcion is intriailte sna cúirteanna
sibhialta, mura cion é atá faoi dhlínse aon armchúirte
nó binse míleata eile faoi aon dlí chun smacht míleata
a chur i bhfeidhm.

5.   Ní cead duine a thriail in aon chúis choiriúil ach i
láthair choiste tiomanta, ach amháin i gcás cionta a
thriail faoi alt 2, alt 3 nó alt 4 den Airteagal seo.

6.   Ní bhainfidh forálacha Airteagal 34 ná Airteagal 35
den Bhunreacht seo le haon chúirt ná le haon bhinse a
bhunófar faoi alt 3 nó alt 4 den Airteagal seo.

Airteagal 39.
Is é amháin is tréas ann cogadh a chur ar an Stát, nó
cabhrú le stát nó le duine ar bith, nó saighdeadh faoi
dhuine, nó bheith i gcomhcheilg le duine, chun

Article 39 *(continued).*

State, or attempting by force of arms or other violent means to overthrow the organs of government established by this Constitution, or taking part or being concerned in or inciting or conspiring with any person to make or to take part or be concerned in any such attempt.

FUNDAMENTAL RIGHTS.

Personal Rights.

Article 40.

1.   All citizens shall, as human persons, be held equal before the law.

 This shall not be held to mean that the State shall not in its enactments have due regard to differences of capacity, physical and moral, and of social function.

2.   1° Titles of nobility shall not be conferred by the State.

 2° No title of nobility or of honour may be accepted by any citizen except with the prior approval of the Government.

3.   1° The State guarantees in its laws to respect, and, as far as practicable, by its laws to defend and vindicate the personal rights of the citizen.

Airteagal 39 *(ar leanúint).*

cogadh a chur ar an Stát, nó iarracht a dhéanamh le
harm nó ar mhodh fhoréigneach eile ar na horgain
rialtais a bhunaítear leis an mBunreacht seo a
threascairt, nó páirt nó baint a bheith ag neach lena
leithéid sin d'iarracht, nó aon duine a shaighdeadh nó
bheith i gcomhcheilg leis chun a déanta nó chun páirt
nó baint a bheith aige léi.

BUNCHEARTA.

Cearta Pearsanta.

Airteagal 40.

1.   Áirítear gurb ionann ina bpearsain daonna na
saoránaigh uile i láthair an dlí.

Ach ní intuigthe as sin nach bhféachfaidh an Stát
go cuí, ina chuid achtachán, don difríocht atá idir
daoine ina mbuanna corpartha agus ina mbuanna
morálta agus ina bhfeidhm chomhdhaonnach.

2.   1° Ní cead don Stát gairm uaisleachta a
bhronnadh ar aon duine.

2° Ní cead d'aon saoránach gairm uaisleachta ná
gairm onóra a ghlacadh ach le haontú roimh ré ón
Rialtas.

3.   1° Ráthaíonn an Stát gan cur isteach lena dhlíthe
ar chearta pearsanta aon saoránaigh, agus ráthaíonn
fós na cearta sin a chosaint is a shuíomh lena dhlíthe
sa mhéid gur féidir é.

Article 40 *(continued).*

2°   The State shall, in particular, by its laws protect as best it may from unjust attack and, in the case of injustice done, vindicate the life, person, good name, and property rights of every citizen.

3°   The State acknowledges the right to life of the unborn and, with due regard to the equal right to life of the mother, guarantees in its laws to respect, and, as far as practicable, by its laws to defend and vindicate that right.

4.   1°   No citizen shall be deprived of his personal liberty save in accordance with law.

2°   Upon complaint being made by or on behalf of any person to the High Court or any judge thereof alleging that such person is being unlawfully detained, the High Court and any and every judge thereof to whom such complaint is made shall forthwith enquire into the said complaint and may order the person in whose custody such person is detained to produce the body of such person before the High Court on a named day and to certify in writing the grounds of his detention, and the High Court shall, upon the body of such person being produced before that Court and after giving the person in whose custody he is detained an opportunity of justifying the detention, order the release of such person from such detention unless satisfied that he is being detained in accordance with the law.

Airteagal 40 *(ar leanúint)*.

2° Déanfaidh an Stát, go sonrach, lena dhlíthe, beatha agus pearsa agus dea-chlú agus maoinchearta an uile shaoránaigh a chosaint ar ionsaí éagórach chomh fada lena chumas, agus iad a shuíomh i gcás éagóra.

3° Admhaíonn an Stát ceart na mbeo gan breith chun a mbeatha agus, ag féachaint go cuí do chomhcheart na máthar chun a beatha, ráthaíonn sé gan cur isteach lena dhlíthe ar an gceart sin agus ráthaíonn fós an ceart sin a chosaint is a shuíomh lena dhlíthe sa mhéid gur féidir é.

4. 1° Ní cead a shaoirse phearsanta a bhaint d'aon saoránach ach amháin de réir dlí.

2° Nuair a dhéanann duine ar bith gearán, nó a dhéantar gearán thar ceann duine ar bith, leis an Ard-Chúirt nó le breitheamh ar bith di á rá go bhfuil an duine sin á choinneáil ina bhrá go haindleathach, ní foláir don Ard-Chúirt agus d'aon bhreitheamh agus do gach breitheamh di chun a ndéanfar an gearán sin fiosrú a dhéanamh láithreach i dtaobh an ghearáin sin agus féadfaidh a ordú do neach coinnithe an duine sin ina bhrá an duine sin a thabhairt ina phearsain i láthair na hArd-Chúirte lá a ainmnítear agus a dheimhniú i scríbhinn cad is forais dá bhraighdeanas, agus ní foláir don Ard-Chúirt, nuair a bheirtear an duine sin ina phearsain i láthair na Cúirte sin agus tar éis caoi a thabhairt do neach a choinnithe ina bhrá ar a chruthú gur braighdeanas cóir an braighdeanas, a ordú an duine sin a scaoileadh as an mbraighdeanas sin mura deimhin leis an gCúirt sin gur de réir an dlí atáthar á choinneáil.

Article 40 *(continued).*

3°   Where the body of a person alleged to be unlawfully detained is produced before the High Court in pursuance of an order in that behalf made under this section and that Court is satisfied that such person is being detained in accordance with a law but that such law is invalid having regard to the provisions of this Constitution, the High Court shall refer the question of the validity of such law to the Supreme Court by way of case stated and may, at the time of such reference or at any time thereafter, allow the said person to be at liberty on such bail and subject to such conditions as the High Court shall fix until the Supreme Court has determined the question so referred to it.

4°   The High Court before which the body of a person alleged to be unlawfully detained is to be produced in pursuance of an order in that behalf made under this section shall, if the President of the High Court or, if he is not available, the senior judge of that Court who is available so directs in respect of any particular case, consist of three judges and shall, in every other case, consist of one judge only.

Airteagal 40 *(ar leanúint).*

3° I gcás duine a deirtear a bheith á choinneáil ina bhrá go haindleathach a thabhairt ina phearsain i láthair na hArd-Chúirte de bhun ordaithe chuige sin arna dhéanamh faoin alt seo agus gur deimhin leis an gCúirt sin an duine sin a bheith á choinneáil ina bhrá de réir dlí áirithe ach an dlí sin a bheith neamhbhailí ag féachaint d'fhorálacha an Bhunreachta seo, ní foláir don Ard-Chúirt an cheist sin bail a bheith nó gan a bheith ar an dlí sin a chur faoi bhreith na Cúirte Uachtaraí i bhfoirm cháis ríofa agus féadfaidh, le linn an cheist sin a chur faoi bhreith amhlaidh nó tráth ar bith ina dhiaidh sin, ligean don duine sin a shaoirse a bheith aige, faoi réir na mbannaí agus na gcoinníollacha sin a cheapfaidh an Ard-Chúirt go dtí go dtabharfaidh an Chúirt Uachtarach breith ar an gceist a chuirfear faoina breith amhlaidh.

4° Is triúr breitheamh is Ard-Chúirt in aon chás áirithe, ina ndéantar duine a deirtear a bheith á choinneáil ina bhrá go haindleathach a thabhairt ina phearsain i láthair na hArd-Chúirte de bhun ordaithe chuige sin arna dhéanamh faoin alt seo, má dhéanann Uachtarán na hArd-Chúirte nó, mura mbeidh seisean ar fáil, an breitheamh is sinsearaí den Chúirt sin dá mbeidh ar fáil a ordú, i dtaobh an cháis sin, an líon sin a bheith inti agus is breitheamh amháin is Ard-Chúirt i ngach cás eile den sórt sin.

Article 40 *(continued).*

5° Where an order is made under this section by the High Court or a judge thereof for the production of the body of a person who is under sentence of death, the High Court or such judge thereof shall further order that the execution of the said sentence of death shall be deferred until after the body of such person has been produced before the High Court and the lawfulness of his detention has been determined and if, after such deferment, the detention of such person is determined to be lawful, the High Court shall appoint a day for the execution of the said sentence of death and that sentence shall have effect with the substitution of the day so appointed for the day originally fixed for the execution thereof.

6° Nothing in this section, however, shall be invoked to prohibit, control, or interfere with any act of the Defence Forces during the existence of a state of war or armed rebellion.

5.   The dwelling of every citizen is inviolable and shall not be forcibly entered save in accordance with law.

6.   1° The State guarantees liberty for the exercise of the following rights, subject to public order and morality:—

Airteagal 40 *(ar leanúint).*

5° I gcás an Ard-Chúirt nó breitheamh di do dhéanamh ordaithe faoin alt seo á ordú duine faoi bhreith bháis a thabhairt i láthair ina phearsain, ní foláir don Ard-Chúirt nó don bhreitheamh sin di a ordú freisin feidhmiú na breithe báis sin a mhoilliú go dtí go dtabharfar an duine sin ina phearsain i láthair na hArd-Chúirte agus go gcinnfear an dleathach an duine sin a choinneáil ina bhrá nó nach dleathach agus má chinntear, tar éis an fheidhmithe sin a mhoilliú, gur dleathach an duine sin a choinneáil ina bhrá, ceapfaidh an Ard-Chúirt lá chun an bhreith bháis sin a fheidhmiú agus beidh éifeacht ag an mbreith bháis sin faoi réir an lá a cheapfar amhlaidh a chur in ionad an lae a socraíodh i dtosach chun an bhreith bháis sin a fheidhmiú.

6° Ach aon ghníomh de ghníomhartha na bhFórsaí Cosanta le linn eisíthe nó ceannairce faoi arm, ní cead aon ní dá bhfuil san alt seo a agairt chun an gníomh sin a thoirmeasc nó a rialú nó a bhac.

5.   Is slán do gach saoránach a ionad cónaithe, agus ní cead dul isteach ann go foréigneach ach de réir dlí.

6.   1°   Ráthaíonn an Stát saoirse chun na cearta seo a leanas a oibriú ach sin a bheith faoi réir oird is moráltachta poiblí:—

Article 40 *(continued).*

    i.   The right of the citizens to express freely their convictions and opinions.

        The education of public opinion being, however, a matter of such grave import to the common good, the State shall endeavour to ensure that organs of public opinion, such as the radio, the press, the cinema, while preserving their rightful liberty of expression, including criticism of Government policy, shall not be used to undermine public order or morality or the authority of the State.

        The publication or utterance of blasphemous, seditious, or indecent matter is an offence which shall be punishable in accordance with law.

   ii. The right of the citizens to assemble peaceably and without arms.

        Provision may be made by law to prevent or control meetings which are determined in accordance with law to be calculated to cause a breach of the peace or to be a danger or nuisance to the general public and to prevent or control meetings in the vicinity of either House of the Oireachtas.

  iii. The right of the citizens to form associations and unions.

Airteagal 40 *(ar leanúint).*

i. Ceart na saoránach chun a ndeimhní is a
dtuairimí a nochtadh gan bac.

Ach toisc oiliúint aigne an phobail a
bheith chomh tábhachtach sin do leas an
phobail, féachfaidh an Stát lena chur in
áirithe nach ndéanfar orgain aigne an
phobail, mar shampla, an raidió is an preas is
an cineama, a úsáid chun an t-ord nó an
mhoráltacht phoiblí nó údarás an Stáit a bhonn-
bhriseadh. San am chéanna coimeádfaidh na
horgain sin an tsaoirse is dleacht dóibh chun
tuairimí a nochtadh agus orthu sin tuairimí
léirmheasa ar bheartas an Rialtais.

Aon ní diamhaslach nó ceannairceach nó
graosta a fhoilsiú nó a aithris is cion
inphionóis é de réir dlí.

ii. Ceart na saoránach chun teacht ar tionól go
sítheoilte gan arm.

Féadfar socrú a dhéanamh de réir dlí chun
cosc a chur nó rialú a dhéanamh ar thionóil a
gcinnfear de réir dlí gur baol briseadh
síochána a theacht díobh nó gur contúirt nó
cránas don phobal i gcoitinne iad, agus fós ar
thionóil i gcóngar do cheachtar de Thithe an
Oireachais.

iii. Ceart na saoránach chun comhlachais agus
cumainn a bhunú.

Article 40 *(continued).*

> Laws, however, may be enacted for the regulation and control in the public interest of the exercise of the foregoing right.

2° Laws regulating the manner in which the right of forming associations and unions and the right of free assembly may be exercised shall contain no political, religious or class discrimination.

The Family.

Article 41.

1.   1° The State recognises the Family as the natural primary and fundamental unit group of Society, and as a moral institution possessing inalienable and imprescriptible rights, antecedent and superior to all positive law.

2° The State, therefore, guarantees to protect the Family in its constitution and authority, as the necessary basis of social order and as indispensable to the welfare of the Nation and the State.

2.   1° In particular, the State recognises that by her life within the home, woman gives to the State a support without which the common good cannot be achieved.

Airteagal 40 *(ar leanúint).*

> Ach is cead dlíthe a achtú chun oibriú an
> chirt réamhráite a rialú agus a stiúradh ar
> mhaithe leis an bpobal.

2° Ní cead aon idirdhealú maidir le polaitíocht nó
creideamh nó aicmí, a bheith i ndlíthe a rialaíos modh
oibrithe an chirt chun comhlachais agus cumainn a
bhunú agus an chirt chun teacht le chéile ar
saorthionól.

An Teaghlach.

Airteagal 41.

1.   1° Admhaíonn an Stát gurb é an Teaghlach is
buíon-aonad príomha bunaidh don chomhdhaonnacht
de réir nádúir, agus gur foras morálta é ag a bhfuil
cearta doshannta dochloíte is ársa agus is airde ná aon
reacht daonna.

2° Ós é an Teaghlach is fotha riachtanach don ord
comhdhaonnach agus ós éigeantach é do leas an
Náisiúin agus an Stáit, ráthaíonn an Stát
comhshuíomh agus údarás an Teaghlaigh a
chaomhnú.

2.   1° Go sonrach, admhaíonn an Stát go dtugann an
bhean don Stát, trína saol sa teaghlach, cúnamh nach
bhféadfaí leas an phobail a ghnóthú dá éagmais.

Article 41 *(continued).*

2°   The State shall, therefore, endeavour to ensure that mothers shall not be obliged by economic necessity to engage in labour to the neglect of their duties in the home.

3.   1°   The State pledges itself to guard with special care the institution of Marriage, on which the Family is founded, and to protect it against attack.

2°   No law shall be enacted providing for the grant of a dissolution of marriage.

3°   No person whose marriage has been dissolved under the civil law of any other State but is a subsisting valid marriage under the law for the time being in force within the jurisdiction of the Government and Parliament established by this Constitution shall be capable of contracting a valid marriage within that jurisdiction during the lifetime of the other party to the marriage so dissolved.

Education.

Article 42.

1.   The State acknowledges that the primary and natural educator of the child is the Family and guarantees to respect the inalienable right and duty of

Airteagal 41 *(ar leanúint).*

2° Uime sin, féachfaidh an Stát lena chur in áirithe nach mbeidh ar mháithreacha clainne, de dheasca uireasa, dul le saothar agus faillí a thabhairt dá chionn sin ina ndualgais sa teaghlach.

3.   1° Ós ar an bPósadh atá an Teaghlach bunaithe gabhann an Stát air féin coimirce faoi leith a dhéanamh ar ord an phósta agus é a chosaint ar ionsaí.

2° Ní cead dlí ar bith a achtú a bhéarfadh cumhacht chun pósadh a scaoileadh.

3° I gcás pósadh duine ar bith a scaoileadh faoi dhlí shibhialta aon Stáit eile agus an pósadh sin, agus bail dlí air, a bheith ann fós faoin dlí a bheas i bhfeidhm in alt na huaire taobh istigh de dhlínse an Rialtais agus na Parlaiminte a bhunaítear leis an mBunreacht seo, ní fhéadfaidh an duine sin pósadh ar a mbeadh bail dlí a dhéanamh taobh istigh den dlínse sin an fad is beo don duine eile a bhí sa chuing phósta a scaoileadh amhlaidh.

Oideachas.

Airteagal 42.

1.   Admhaíonn an Stát gurb é an Teaghlach is múinteoir príomha dúchasach don leanbh, agus ráthaíonn gan cur isteach ar cheart doshannta ná ar

Article 42 *(continued).*

parents to provide, according to their means, for the religious and moral, intellectual, physical and social education of their children.

2.   Parents shall be free to provide this education in their homes or in private schools or in schools recognised or established by the State.

3.   1° The State shall not oblige parents in violation of their conscience and lawful preference to send their children to schools established by the State, or to any particular type of school designated by the State.

2° The State shall, however, as guardian of the common good, require in view of actual conditions that the children receive a certain minimum education, moral, intellectual and social.

4.   The State shall provide for free primary education and shall endeavour to supplement and give reasonable aid to private and corporate educational initiative, and, when the public good requires it, provide other educational facilities or institutions with due regard, however, for the rights of parents, especially in the matter of religious and moral formation.

Airteagal 42 *(ar leanúint).*

dhualgas doshannta tuistí chun oideachas de réir a
n-acmhainne a chur ar fáil dá gclainn i gcúrsaí
creidimh, moráltachta, intleachta, coirp agus
comhdhaonnachta.

2. Tig le tuistí an t-oideachas sin a chur ar fáil dá
gclainn ag baile nó i scoileanna príobháideacha nó i
scoileanna a admhaítear nó a bhunaítear ag an Stát.

3. 1° Ní cead don Stát a chur d'fhiacha ar thuistí, in
aghaidh a gcoinsiasa nó a rogha dleathaí, a gclann a
chur ar scoileanna a bhunaítear ag an Stát nó ar aon
chineál áirithe scoile a ainmnítear ag an Stát.

   2° Ach ós é an Stát caomhnóir leasa an phobail ní
fol
áir dó, toisc cor an lae, é a dhéanamh éigeantach
minimum áirithe oideachais a thabhairt do na leanaí i
gcúrsaí moráltachta, intleachta agus comh-
dhaonnachta.

4. Ní fol
áir don Stát socrú a dhéanamh chun
bunoideachas a bheith ar fáil in aisce, agus iarracht a
dhéanamh chun cabhrú go réasúnta agus chun cur le
tionscnamh oideachais idir phríobháideach agus
chumannta agus, nuair is riachtanas chun leasa an
phobail é, áiseanna nó fundúireachtaí eile oideachais
a chur ar fáil, ag féachaint go cuí, áfach, do chearta
tuistí, go mór mór maidir le múnlú na haigne i
gcúrsaí creidimh is moráltachta.

Article 42 *(continued).*

5.   In exceptional cases, where the parents for physical or moral reasons fail in their duty towards their children, the State as guardian of the common good, by appropriate means shall endeavour to supply the place of the parents, but always with due regard for the natural and imprescriptible rights of the child.

Private Property.

Article 43.

1.   1° The State acknowledges that man, in virtue of his rational being, has the natural right, antecedent to positive law, to the private ownership of external goods.

    2° The State accordingly guarantees to pass no law attempting to abolish the right of private ownership or the general right to transfer, bequeath, and inherit property.

2.   1° The State recognises, however, that the exercise of the rights mentioned in the foregoing provisions of this Article ought, in civil society, to be regulated by the principles of social justice.

Airteagal 42 *(ar leanúint).*

5.   I gcásanna neamhchoiteanna nuair a tharlaíonn, ar
chúiseanna corpartha nó ar chúiseanna morálta, nach
ndéanaid na tuistí a ndualgais dá gclainn, ní foláir
don Stát, ós é an Stát caomhnóir leasa an phobail,
iarracht a dhéanamh le beart oiriúnach chun ionad na
dtuistí a ghlacadh, ag féachaint go cuí i gcónaí, áfach,
do chearta nádúrtha dochloíte an linbh.

Maoin Phríobháideach.

Airteagal 43.

1.   1° Admhaíonn an Stát, toisc bua an réasúin a
bheith ag an duine, go bhfuil sé de cheart nádúrtha
aige maoin shaolta a bheith aige dá chuid féin go
príobháideach, ceart is ársa ná reacht daonna.

2° Uime sin, ráthaíonn an Stát gan aon dlí a achtú
d'iarraidh an ceart sin, ná gnáthcheart an duine chun
maoin a shannadh agus a thiomnú agus a ghlacadh
ina hoidhreacht, a chur ar ceal.

2.   1° Ach admhaíonn an Stát gur cuí, sa
chomhdhaonnacht shibhialta, oibriú na gceart atá
luaite sna forálacha sin romhainn den Airteagal seo a
rialú de réir bunrialacha an chirt chomhdhaonnaigh.

Article 43 *(continued).*

2° The State, accordingly, may as occasion requires delimit by law the exercise of the said rights with a view to reconciling their exercise with the exigencies of the common good.

Religion.

Article 44.

1. The State acknowledges that the homage of public worship is due to Almighty God. It shall hold His Name in reverence, and shall respect and honour religion.

2. 1° Freedom of conscience and the free profession and practice of religion are, subject to public order and morality, guaranteed to every citizen.

    2° The State guarantees not to endow any religion.

    3° The State shall not impose any disabilities or make any discrimination on the ground of religious profession, belief or status.

    4° Legislation providing State aid for schools shall not discriminate between schools under the management of different religious denominations, nor

Airteagal 43 *(ar leanúint).*

2° Uime sin, tig leis an Stát, de réir mar a bheas riachtanach, teorainn a chur le hoibriú na gceart réamhráite d'fhonn an t-oibriú sin agus leas an phobail a thabhairt dá chéile.

Creideamh.

Airteagal 44.

1. Admhaíonn an Stát go bhfuil ag dul do Dhia na nUilechumhacht é a adhradh le hómós go poiblí. Beidh urraim ag an Stát dá ainm, agus bhéarfaidh oirmhidin agus onóir do Chreideamh.

2. 1° Ráthaítear do gach saoránach saoirse choinsiasa is saorchead admhála is cleachta creidimh, ach gan san a dhul chun dochair don ord phoiblí ná don mhoráltacht phoiblí.

2° Ráthaíonn an Stát gan aon chóras creidimh a mhaoiniú.

3° Ní cead don Stát neach a chur faoi mhíchumas ar bith ná aon idirdhealú a dhéanamh mar gheall ar chreideamh nó admháil chreidimh nó céim i gcúrsaí creidimh.

4° Reachtaíocht lena gcuirtear cúnamh Stáit ar fáil do scoileanna ní cead idirdhealú a dhéanamh inti idir scoileanna atá faoi bhainistí aicmí creidimh

Article 44 *(continued).*

be such as to affect prejudicially the right of any child
to attend a school receiving public money without
attending religious instruction at that school.

5° Every religious denomination shall have the
right to manage its own affairs, own, acquire and
administer property, movable and immovable, and
maintain institutions for religious or charitable
purposes.

6° The property of any religious denomination or
any educational institution shall not be diverted save
for necessary works of public utility and on payment
of compensation.

DIRECTIVE PRINCIPLES OF
SOCIAL POLICY.

Article 45.

The principles of social policy set forth in this
Article are intended for the general guidance of the
Oireachtas. The application of those principles in
the making of laws shall be the care of the
Oireachtas exclusively, and shall not be cognisable by
any Court under any of the provisions of this
Constitution.

Airteagal 44 *(ar leanúint).*

seachas a chéile ná í do dhéanamh dochair do cheart aon linbh chun scoil a gheibheann airgead poiblí a fhreastal gan teagasc creidimh sa scoil sin a fhreastal.

5° Tá sé de cheart ag gach aicme chreidimh a ngnóthaí féin a bhainistí, agus maoin, idir sho-aistrithe agus do-aistrithe, a bheith dá gcuid féin acu, agus í a fháil agus a riaradh, agus fundúireachtaí chun críocha creidimh is carthanachta a chothabháil.

6° Ní cead maoin aon aicme creidimh ná aon fhundúireachtaí oideachais a bhaint díobh ach amháin le haghaidh oibreacha riachtanacha chun áise poiblí, agus sin tar éis cúiteamh a íoc leo.

BUNTREORACHA DO BHEARTAS
CHOMHDHAONNACH.

Airteagal 45.

Is mar ghnáth-threoir don Oireachtas a ceapadh na bunrialacha do bheartas chomhdhaonnach atá leagtha amach san Airteagal seo. Is ar an Oireachtas amháin a bheidh sé de chúram na bunrialacha sin a fheidhmiú i ndéanamh dlíthe, agus ní intriailte ag Cúirt ar bith ceist i dtaobh an fheidhmithe sin faoi aon fhoráil d'fhorálacha an Bhunreachta seo.

Article 45 *(continued).*

1.   The State shall strive to promote the welfare of the whole people by securing and protecting as effectively as it may a social order in which justice and charity shall inform all the institutions of the national life.

2.   The State shall, in particular, direct its policy towards securing:—

    i.   That the citizens (all of whom, men and women equally, have the right to an adequate means of livelihood) may through their occupations find the means of making reasonable provision for their domestic needs.

    ii.   That the ownership and control of the material resources of the community may be so distributed amongst private individuals and the various classes as best to subserve the common good.

    iii.   That, especially, the operation of free competition shall not be allowed so to develop as to result in the concentration of the ownership or control of essential commodities in a few individuals to the common detriment.

Airteagal 45 *(ar leanúint).*

1.   Déanfaidh an Stát a dhícheall chun leas an phobail uile a chur chun cinn trí ord chomhdhaonnach, ina mbeidh ceart agus carthanacht ag rialú gach forais a bhaineas leis an saol náisiúnta, a chur in áirithe agus a chaomhnú chomh fada lena chumas.

2.   Déanfaidh an Stát, go sonrach, a bheartas a stiúradh i slí go gcuirfear in áirithe:—

   i.   Go bhfaighidh na saoránaigh (agus tá ceart acu uile, idir fhear is bean, chun leorshlí bheatha), trína ngairmeacha beatha, caoi chun soláthar réasúnta a dhéanamh do riachtanais a dteaghlach.

   ii. Go roinnfear dílse agus urlámhas gustail shaolta an phobail ar phearsana príobháideacha agus ar na haicmí éagsúla sa chuma is fearr a rachas chun leasa an phobail.

   iii. Go sonrach, nach ligfear d'oibriú na saoriomaíochta dul chun cinn i slí go dtiocfadh de an dílse nó an t-urlámhas ar earraí riachtanacha a bheith ina lámha féin ag beagán daoine chun dochair don phobal.

Article 45 *(continued).*

    iv. That in what pertains to the control of credit the constant and predominant aim shall be the welfare of the people as a whole.

    v. That there may be established on the land in economic security as many families as in the circumstances shall be practicable.

3.   1° The State shall favour and, where necessary, supplement private initiative in industry and commerce.

2° The State shall endeavour to secure that private enterprise shall be so conducted as to ensure reasonable efficiency in the production and distribution of goods and as to protect the public against unjust exploitation.

4.   1° The State pledges itself to safeguard with especial care the economic interests of the weaker sections of the community, and, where necessary, to contribute to the support of the infirm, the widow, the orphan, and the aged.

Airteagal 45 *(ar leanúint).*

iv. Gurb é leas an phobail uile is buanchuspóir agus is príomhchuspóir a rialós ina mbaineann le hurlámhas creidmheasa.

v. Go mbunófar ar an talamh faoi shlándáil gheilleagrach an oiread teaghlach agus is féidir de réir chor an tsaoil.

3.   1° Féachfaidh an Stát le fonn ar thionscnamh phríobháideach i gcúrsaí tionscail is tráchtála agus cuirfidh leis nuair is gá sin.

2° Déanfaidh an Stát iarracht chun a chur in áirithe go stiúrfar fiontraíocht phríobháideach i slí gur deimhin go ndéanfar earraí a tháirgeadh agus a imdháil le hinniúlacht réasúnta agus go gcosnófar an pobal ar bhrabús éagórach.

4.   1° Gabhann an Stát air féin cosaint sonrach a dhéanamh ar leas gheilleagrach na n-aicmí is lú cumhacht den phobal agus, nuair a bheas riachtanas leis, cabhair mhaireachtála a thabhairt don easlán, don bhaintreach, don dílleacht agus don sean.

Article 45 *(continued).*

> 2° The State shall endeavour to ensure that the strength and health of workers, men and women, and the tender age of children shall not be abused and that citizens shall not be forced by economic necessity to enter avocations unsuited to their sex, age or strength.

AMENDMENT OF THE CONSTITUTION.

Article 46.

1.   Any provision of this Constitution may be amended, whether by way of variation, addition, or repeal, in the manner provided by this Article.

2.   Every proposal for an amendment of this Constitution shall be initiated in Dáil Éireann as a Bill, and shall upon having been passed or deemed to have been passed by both Houses of the Oireachtas, be submitted by Referendum to the decision of the people in accordance with the law for the time being in force relating to the Referendum.

3.   Every such Bill shall be expressed to be "An Act to amend the Constitution".

4.   A Bill containing a proposal or proposals for the amendment of this Constitution shall not contain any other proposal.

Airteagal 45 *(ar leanúint).*

2° Déanfaidh an Stát iarracht chun a chur in áirithe nach ndéanfar neart agus sláinte lucht oibre, idir fheara is mná, ná maoth-óige leanaí a éagóradh, agus nach mbeidh ar shaoránaigh, de dheasca uireasa, dul le gairmeacha nach n-oireann dá ngné nó dá n-aois nó dá neart.

AN BUNREACHT A LEASÚ.

Airteagal 46.

1. Is cead foráil ar bith den Bhunreacht seo a leasú, le hathrú nó le breisiú nó le haisghairm, ar an modh a shocraítear leis an Airteagal seo.

2. Gach togra chun an Bunreacht seo a leasú ní foláir é a thionscnamh i nDáil Éireann ina Bhille, agus nuair a ritear nó a mheastar a ritheadh é ag dhá Theach an Oireachtais ní foláir é a chur faoi bhreith an phobail le Reifreann de réir an dlí a bheas i bhfeidhm i dtaobh an Reifrinn in alt na huaire.

3. Ní foláir a lua i ngach Bille den sórt sin é a bheith ina "Acht chun an Bunreacht a leasú".

4. Aon Bhille ina mbeidh togra nó tograí chun an Bunreacht seo a leasú ní cead togra ar bith eile a bheith ann.

Article 46 *(continued)*.

5.   A Bill containing a proposal for the amendment of this Constitution shall be signed by the President forthwith upon his being satisfied that the provisions of this Article have been complied with in respect thereof and that such proposal has been duly approved by the people in accordance with the provisions of section 1 of Article 47 of this Constitution and shall be duly promulgated by the President as a law.

THE REFERENDUM.

Article 47.

1.   Every proposal for an amendment of this Constitution which is submitted by Referendum to the decision of the people shall, for the purpose of Article 46 of this Constitution, be held to have been approved by the people, if, upon having been so submitted, a majority of the votes cast at such Referendum shall have been cast in favour of its enactment into law.

2.   1° Every proposal, other than a proposal to amend the Constitution, which is submitted by Referendum to the decision of the people shall be held to have been vetoed by the people if a majority of the votes cast at such Referendum shall have been cast against its enactment into law and if the votes so cast against its enactment into law shall have amounted to not less than thirty-three and one-third per cent. of the voters on the register.

Airteagal 46 *(ar leanúint).*

5.   Aon Bhille ina mbeidh togra chun an Bunreacht seo
a leasú ní foláir don Uachtarán a lámh a chur leis
láithreach, ar mbeith sásta dó gur comhlíonadh
forálacha an Airteagail seo ina thaobh agus gur
thoiligh an pobal go cuí leis an togra sin de réir
forálacha alt 1 d'Airteagal 47 den Bhunreacht seo,
agus ní foláir don Uachtarán é a fhógairt go cuí ina
dhlí.

AN REIFREANN.

Airteagal 47.

1.   Gach togra a dhéantar chun an Bunreacht seo a
leasú agus a chuirtear faoi bhreith an phobail le
Reifreann, ní foláir a mheas, chun críche Airteagal 46
den Bhunreacht seo, go dtoilíonn an pobal leis an
togra sin má tharlaíonn, tar éis é a chur mar sin faoi
bhreith an phobail, gur ar thaobh é a achtú ina dhlí a
thugtar tromlach na vótaí a thugtar sa Reifreann sin.

2.   1° Gach togra, nach togra chun leasaithe an
Bhunreachta, a chuirtear faoi bhreith an phobail le
Reifreann ní foláir a mheas go ndiúltaíonn an pobal
dó más in aghaidh é a achtú ina dhlí a thugtar
tromlach na vótaí a thugtar sa Reifreann sin, agus
nach lú an méid vótaí a thugtar amhlaidh in aghaidh é
a achtú ina dhlí ná cion trí tríochad is trian faoin
gcéad de líon na dtoghthóirí atá ar an rolla.

Article 47 *(continued).*

2° Every proposal, other than a proposal to amend the Constitution, which is submitted by Referendum to the decision of the people shall for the purposes of Article 27 hereof be held to have been approved by the people unless vetoed by them in accordance with the provisions of the foregoing sub-section of this section.

3. Every citizen who has the right to vote at an election for members of Dáil Éireann shall have the right to vote at a Referendum.

4. Subject as aforesaid, the Referendum shall be regulated by law.

REPEAL OF CONSTITUTION OF SAORSTÁT ÉIREANN AND CONTINUANCE OF LAWS.

Article 48.

The Constitution of Saorstát Éireann in force immediately prior to the date of the coming into operation of this Constitution and the Constitution of the Irish Free State (Saorstát Éireann) Act, 1922, in so far as that Act or any provision thereof is then in force shall be and are hereby repealed as on and from that date.

Airteagal 47 *(ar leanúint).*

2° Gach togra, nach togra chun leasaithe an Bhunreachta, a chuirtear faoi bhreith an phobail le Reifreann ní foláir a mheas, chun críocha Airteagal 27 den Bhunreacht seo, go dtoilíonn an pobal leis mura ndiúltaíd dó de réir forálacha an fho-ailt sin romhainn den alt seo.

3.   Gach saoránach ag a bhfuil sé de cheart vótáil i dtoghchán do chomhaltaí de Dháil Éireann tá sé de cheart aige vótáil i Reifreann.

4.   Faoi chuimsiú na nithe réamhráite is le dlí a rialófar an Reifreann.

BUNREACHT SHAORSTÁT ÉIREANN
A AISGHAIRM AGUS DLÍTHE
A BHUANÚ.

Airteagal 48.

An Bunreacht a bheas i bhfeidhm do Shaorstát Éireann díreach roimh lá an Bunreacht seo a theacht i ngníomh agus an tAcht um Bunreacht Shaorstáit Éireann, 1922, sa mhéid go mbeidh an tAcht sin nó aon fhoráil de i bhfeidhm an uair sin, aisghairtear leis seo iad agus beid aisghairthe an lá sin agus as sin amach.

Article 49.

1.   All powers, functions, rights and prerogatives whatsoever exercisable in or in respect of Saorstát Éireann immediately before the 11th day of December, 1936, whether in virtue of the Constitution then in force or otherwise, by the authority in which the executive power of Saorstát Éireann was then vested are hereby declared to belong to the people.

2.   It is hereby enacted that, save to the extent to which provision is made by this Constitution or may hereafter be made by law for the exercise of any such power, function, right or prerogative by any of the organs established by this Constitution, the said powers, functions, rights and prerogatives shall not be exercised or be capable of being exercised in or in respect of the State save only by or on the authority of the Government.

3.   The Government shall be the successors of the Government of Saorstát Éireann as regards all property, assets, rights and liabilities.

Article 50.

1.   Subject to this Constitution and to the extent to which they are not inconsistent therewith, the laws in force in Saorstát Éireann immediately prior to the date of the coming into operation of this Constitution shall continue to be of full force and effect until the same or any of them shall have been repealed or amended by enactment of the Oireachtas.

Airteagal 49.

1.   Gach uile chumhacht, feidhm, ceart agus sainchumas a bhí inoibrithe i Saorstát Éireann nó i dtaobh Shaorstát Éireann díreach roimh an 11ú lá de Mhí Nollag, 1936, cibé acu de bhua an Bhunreachta a bhí i bhfeidhm an uair sin é nó nach ea, ag an údarás ag a raibh cumhacht chomhallach Shaorstát Éireann an uair sin, dearbhaítear leis seo gur leis an bpobal iad uile.

2.   Ach amháin sa mhéid go ndéantar socrú leis an mBunreacht seo, nó go ndéanfar socrú ina dhiaidh seo le dlí, chun go n-oibreofar, le haon organ dá mbunaítear leis an mBunreacht seo, aon chumhacht, feidhm, ceart nó sainchumas díobh sin, achtaítear leis seo nach dleathach agus nach féidir na cumhachtaí, na feidhmeanna, na cearta, agus na sainchumais sin a oibriú sa Stát nó i dtaobh an Stáit ach amháin ag an Rialtas nó le húdarás an Rialtais.

3.   Is é an Rialtas is comharba ar Rialtas Shaorstát Éireann i gcás gach maoine, sócmhainne, cirt agus féichiúnais.

Airteagal 50.

1.   Na dlíthe a bheas i bhfeidhm i Saorstát Éireann díreach roimh lá an Bunreacht seo a theacht i ngníomh leanfaid de bheith i lánfheidhm agus i lánéifeacht, faoi chuimsiú an Bhunreachta seo agus sa mhéid nach bhfuilid ina choinne, go dtí go n-aisghairtear nó go leasaítear iad nó aon chuid díobh le hachtú ón Oireachtas.

Article 50 *(continued).*

2.   Laws enacted before, but expressed to come into force after, the coming into operation of this Constitution, shall, unless otherwise enacted by the Oireachtas, come into force in accordance with the terms thereof.

Dochum Glóire Dé

agus

Onóra na hÉireann.

Airteagal 50 *(ar leanúint).*

2.   Dlíthe a bheas achtaithe roimh an mBunreacht seo
a theacht i ngníomh agus a mbeidh luaite iontu iad do
theacht i bhfeidhm dá éis sin, tiocfaid i bhfeidhm de
réir mar a luaitear iontu mura n-achtaí an tOireachtas
a mhalairt.

Dochum Glóire Dé

agus

Onóra na hÉireann.

TREOIR.

Airteagal

ARD-CHÚIRT *(ar leanúint)*:

Uachtarán na hArd-Chúirte ... ... $\begin{cases} 14. & 2. & 2° \\ 31. & 2. \end{cases}$

Feic freisin CÚIRTEANNA; CÚIRT UACHTARACH

ARD-REACHTAIRE CUNTAS AGUS CISTE:

Airgead poiblí, caitheamh	33.	1.
Ceapadh	33.	
Cur as oifig	33.	5.
Dáil Éireann, tuarascálacha	33.	4.

BAILE ÁTHA CLIATH:

Tithe an Oireachtais, suíonna	15.	1.	3°
Uachtarán, Stát-áras	12.	11.	1°

BAINCÉIREACHT:

Seanad Éireann, rolla toghcháin	18.	7.	1°

BALLÓID:

Dáil Éireann, toghcháin	16.	1.	4°
Seanad Éireann, toghcháin	18.	5.	
Uachtarán, toghcháin	$\begin{cases} 12. \\ 12. \end{cases}$	2. 4.	3° 5°

BEARTAS COMHDHAONNACH:

Aicmí is lú cumhacht, leas geilleagrach	45.	4.	1°
Buntreoracha	45.		
Creidmheas, urlámhas air	45	2.	
Earraí riachtanacha	45.	2.	
Fiontraíocht phríobháideach	45.	3.	2°
Gustal saolta an phobail	45.	2.	
Lucht oibre, sláinte	45.	4.	2°
Oireachtas, bunrialacha, feidhmiú	45.		
Ord comhdhaonnach	45.	1.	
Saoránaigh, slí bheatha	45.	2.	
Teaghlaigh, bunú ar an talamh	45.	2.	
Tionscnamh príobháideach	45.	3.	1°

MIANAIGH AGUS MIANRAÍ. *Feic* MAOIN NÁDÚRTHA.

MNÁ:
Dáil Éireann	16. 1.
Náisiúntacht	9 1. 3°
Saoránacht	9. 1. 3°
Slí bheatha	{ 45. 2. 45. 4. 2°

Feic freisin TEAGHLACH.

NÁISIÚN:
Cearta	1.
Críocha ... ..., ...	2.
Dílseacht don náisiún	9. 2.
Uachtarán, aitheasc uaidh...	13. 7. 2°

NÁISIÚNTACHT. *Feic* SAORÁNACHT AGUS NÁISIÚNTACHT.

NEAMHSPLEÁCHAS:
Dearbhú	5.

OIBREACHAS:
Seanad Éireann, rolla toghcháin	18. 7. 1°
Feic freisin SAOTHRÚ.	

OIDEACHAS:
Fundúireachtaí oideachais, maoin	44. 2. 6°
Seanad Éireann, rolla toghcháin	18. 7. 1°
Teaghlach, cearta	42.
Feic freisin LEANAÍ.	

OIREACHTAS:
Beartas comhdhaonnach i ndéanamh dlíthe ...	45.
Bunreacht, dlíthe ina aghaidh	15. 4.
Comhairlí feidhmeannais agus gairme beatha	15. 3.
Conarthaí idirnáisiúnta	29. 6.
Dáil Éireann, dáilcheantair, athmheas	16. 2. 4°

Airteagal

TÁNAISTE *(ar leanúint)*:
Taoiseach, gníomhú ina ionad ... ... { 28. 6. 2°
                                                28. 6. 3°

TAOISEACH:
Airgead poiblí, leithghabháil ag Dáil Éireann   17. 2.
Ard-Aighne. *Feic* ARD-AIGHNE.
Ard-Reachtaire Cuntas agus Ciste. *Feic* ARD-
  REACHTAIRE CUNTAS AGUS CISTE.
Billí—
  achainí á iarraidh gan iad a shíniú ... ... { 27. 5. 1°
                                                 27. 6.
  práinneacha ... ...   24. 1.
  síniú agus fógairt ... ...   25. 1.
Breithiúna, cur as oifig ... ...   35. 4. 2°
Bunreacht, téacs ... ...   25. 5.
Ceapadh ... ...   13. 1. 1°
Comhairle Stáit. *Feic* COMHAIRLE STÁIT.
Comharba, ceapadh ... ...   28. 11.
Dáil Éireann—
  comhalta ... ...   28. 7. 1°
  comóradh agus lánscor ... ... { 13. 2. 1°
                                            13. 2. 2°
                                            16. 3. 1°
  tromlach i dtacaíocht leis ... ... { 13. 2. 2°
                                            28. 10.
  Éirí as oifig ... ... { 28. 9. 1°
                                        28. 10.
                                        28. 11.
Príomh-Aire ... ...   28. 5. 1°
Rialtas—
  ceann an Rialtais ... ...   28. 5. 1°
  comhaltaí ... ...   13. 1. 2°
  dul nó cur as oifig ... ... { 13. 1. 3°
                                         28. 9. 2°
                                         28. 9. 3°
                                         28. 9. 4°
                                         28. 11. 1°

INDEX

Article